Havel
N
W
O
S
Föhse
N
W
O
S
Havel

Viel Spaß

mit Moppel

und Mücke

wünscht 

Christine Pohl

Christine Pohl

# Die Abenteuer von Moppel und Mücke

in und um Werder (Havel)

**Dieses Buch gehört:**

Marla

Impressum:

Erstauflage, August 2015


Herausgeber: Christine Pohl, An der Föhse 13, 14542 Werder (H.)
Idee und Konzeption: Christine Pohl, Katja Ledder
Gesamtgestaltung und Satz: Katja Ledder
Umschlagbild und Illustrationen: Tino Würfel
Lektorat: Peter Kaminsky
Druck: HavelPrint.de, Werder (Havel)
Printed in Germany

www.moppelundmuecke.de
ISBN: 978-3-00-050305-4

Ein Titeldatensatz für diese Publikation ist bei der
Deutschen Nationalbibliothek erhältlich.

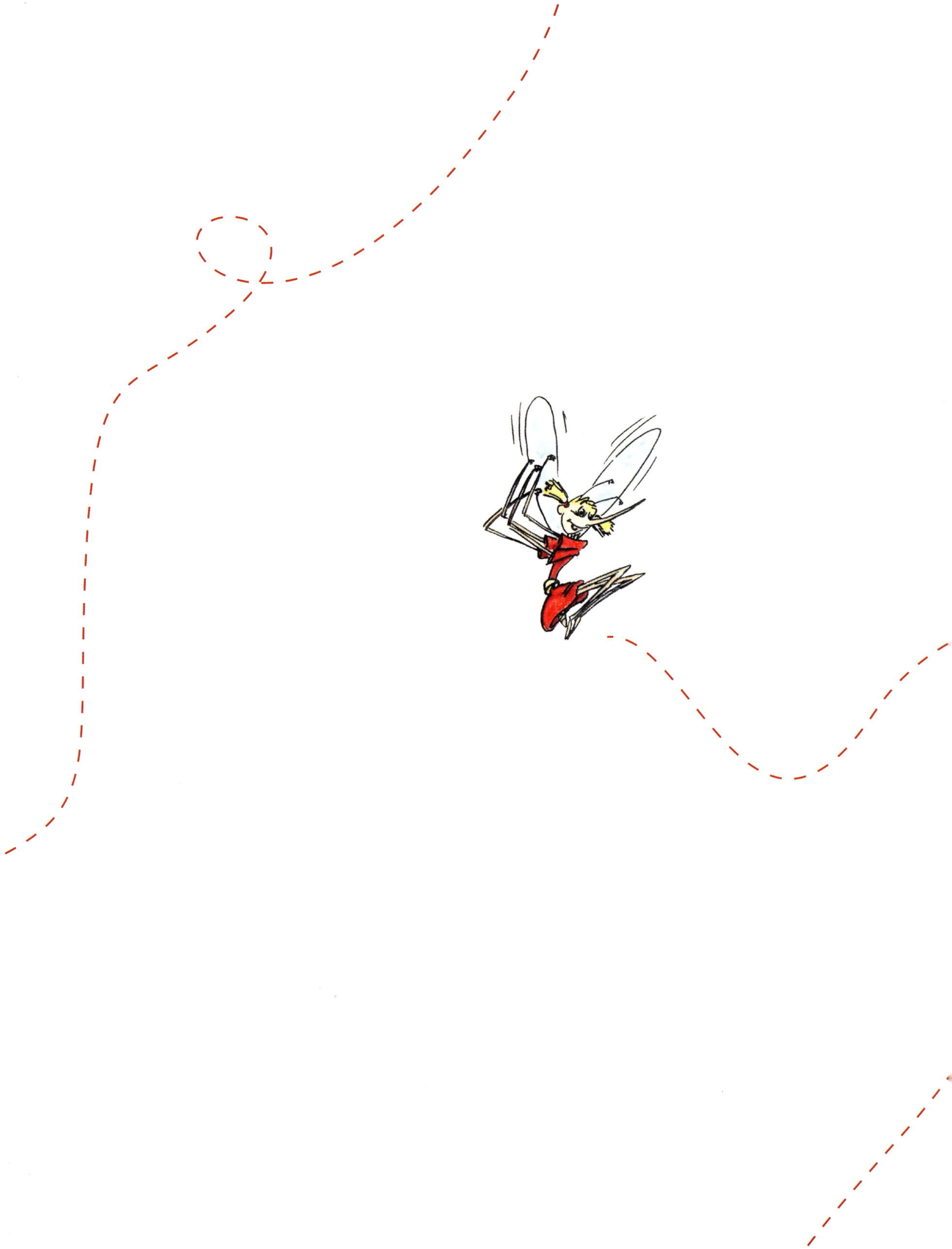

Mein Name ist Christine Pohl. Ich bin 1957 in Nauen geboren und wohne seit 2012 mit meiner Familie in Werder (Havel). Seit fast vierzig Jahren bin ich als Erzieherin tätig. Schon immer habe ich meinen drei Kindern, Enkeln und Kindern in der Kita Geschichten erzählt, die ich mir selbst ausgedacht habe. Wer mich kennt, wird auch in Mücke meine Persönlichkeit wiedererkennen, denn »Kaum bin ich hier, schon bin ich dort, kaum bin ich dort, schon bin ich fort«. Sirrend, temperamentvoll, aber immer klug und liebenswert – so kennen mich alle und so werden die kleinen Zuhörer und großen Leser auch Mücke kennenlernen.

# VERLIEBT UND VERZAUBERT

Mücke erwacht, als ein Sonnenstrahl an ihrem Stachel kitzelt. Sie öffnet ihre Augen und wundert sich: »Hab' ich soooo lange geschlafen? Gestern sah es hier doch noch ganz anders aus. Wo kommen die ganzen Blüten auf einmal her?«

Mücke reckt und streckt sich und stürzt sich sofort in ein neues Abenteuer. Sie ist so überwältigt von dem schönen Blütenmeer, dass sie ganz vergisst, mit ihren Flügeln zu wedeln. »Summserummsumm! Was ist denn das nun schon wieder?«, hört man Mücke stöhnen. Sie befindet sich im Sturzflug und landet unsanft auf einem beweglichen Holzstück.

»Mein Beinchen«, jammert Mücke. Ganz vorsichtig streicht sie mit ihrem Stachel über ihr schmerzendes, kaputtes Bein. Das ist ein Fall für Sanddorndoktor Grille. Sie atmet tief durch und merkt, dass sie auf der Insel der Blütenstadt Werder, genauer gesagt, auf einem Holzflügel der Bockwindmühle gelandet ist.

Sie bleibt noch ein Weilchen sitzen und schaut sich um. Sie sieht, dass die Altstadt auf der Insel von viel Wasser, der Havel, umgeben ist. Es gibt gemütliche Gassen, einen Sportplatz, ein altes Rathaus, Spielplätze und vieles mehr. Mücke ist glücklich hier zu leben. Doch sie lebt hier nicht allein. Sie teilt sich dieses wunderschöne Fleckchen mit Moppel, dem Frosch, vielen anderen Tieren und den Menschlingen. Nachdem sich Mücke ausgeruht und alles ganz genau betrachtet hat, fliegt sie mit schmerzendem Beinchen zum Sanddorndoktor Grille. Der schüttelt nur mit dem Kopf und zirpt: »Ach Mückchen, nicht schon wieder!« Er schaut sich das Bein genauer an und verpasst ihr einen Gipsverband.

Trotz Gipsbeinchen lässt sich Mücke die Laune nicht verderben und fliegt weiter. Schon von Weitem sieht sie den Frosch Moppel. »Na, typisch. Liegt mal wieder faul auf dem Seerosenblatt. Er ist schon so kugelrund, dass er sich kaum bewegen kann. Trotzdem denkt er, er ist der Größte. Pah!«, grummelt Mücke. Auch hat er von seiner Heimat noch nicht viel gesehen, denkt sie.

Doch Moppel geht es gut, denn Futter gibt es an der Havel in Hülle und Fülle. Da sind die großen Mückenschwärme mit Mücke an der Spitze, Libellen, Fliegen und Spinnen. Da soll noch einer sagen, Moppel, dem Frosch, geht es schlecht. Quakelaquak! Alles Quatsch!

Mücke kann das nicht verstehen. Sie ist das ganze Gegenteil von ihm. Sie ist klein, zierlich und so temperamentvoll, dass sie kaum auf einer Stelle verweilen kann. Kaum ist sie hier, schon ist sie dort, kaum ist sie dort, schon ist sie fort. Sie ist viel auf Achse und erlebt die lustigsten Abenteuer.
Weil Mücke sehr wirbelig ist, passieren ihr laufend sonderbare Dinge. So hat sie zum Beispiel bereits ihren Stachel eingeklemmt, sich den Kopf verletzt, ihre Beinchen gebrochen und ist mit ihren Flügeln hängengeblieben.
Auch heute hat sie es mal wieder geschafft und muss durch ihren Unfall an der Bockwindmühle mit Gipsbeinchen herumfliegen. Das ist wegen des Gleichgewichtes in der Luft gar nicht so einfach. Auch sieht es sehr komisch aus und die Lacher werden mal wieder auf Mückes Seite sein. Erschöpft macht sie sich auf den Heimweg.

# GLÜCK IM UNGLÜCK

Mückes Mückenschwarm ist mal wieder auf Abenteuersuche. Mit ihrem Gipsbeinchen fliegt Mücke hinter ihren Brüdern und Schwestern her. Das sieht sehr lustig aus, da das Gipsbeinchen fast größer als sie selbst ist. Moppel sitzt wie immer stumm auf seinem geliebten Seerosenblatt. Gelangweilt lässt er sich die warmen Sonnenstrahlen ins Gesicht scheinen. Die Mücken schwirren summend um Moppel herum, der sich jedoch nicht aus der Ruhe bringen lässt. Das spornt Mücke an. Sie setzt sich leise surrend auf Moppels Kopf, direkt zwischen seine Augen. Moppel schlägt die Augen auf und ist empört über so viel Frechheit. »Geht's noch? Hast du keine Angst vor mir? Ich bin es, Moppel, der Frosch!« »Warum?«, summt Mücke keck. »Fürchtest du nicht, dass ich dich fressen könnte?«, fragt Moppel zurück. Mücke fängt an zu lachen. »Ach Moppelchen, du doch nicht! Eh' du dein Maul aufgerissen hast, bin ich schon längst wieder davongeschwirrt.« Moppel ist entsetzt. »Hört sich einer diese Mücke an, reißt den Rand ein

bisschen zu weit auf!« Mücke wird immer dreister und sticht Moppel in die Nase. Aber das ist Moppel dann doch zu viel. Schnell lässt er seine lange, klebrige Zunge herausschnellen und erwischt Mücke am Gipsbeinchen. »Hilfe! Summserummsumm!«, schreit Mücke ängstlich. Moppel will Mücke gerade herunterschlucken, als ihm das Gipsbeinchen im Halse stecken bleibt.

Moppel hustet und hustet und würgt Mücke endlich heraus. Diese fliegt in hohem Bogen auf das Seerosenblatt und bleibt dort wie gelähmt sitzen. Mücke zittert am ganzen Körper. »Warum tust du so etwas?«, schreit sie. »Warum frisst du uns Mücken?«
Ein Tränenschwall fließt über Mückes Stachel.
»Wir maßen uns doch auch nicht an, Froschschenkel zu verspeisen. Eine Frechheit ist das!«, schimpft sie.
»Ist ja gut! Reg' dich bloß nicht so auf!«, möchte Moppel Mücke beschwichtigen, als er bemerkt, dass sie immer noch vor Aufregung zittert.

»Sag' mir lieber, wo du dein Gipsbeinchen her hast! Passiert dir so etwas öfter?«
Moppel betrachtet die zitternde Mücke.
»Nun entspann dich doch endlich. Ich tue dir nichts mehr!«, beruhigt er sie. Mücke atmet tief durch und versucht sich zu beruhigen. »Ja«, sagt sie mit zittriger Stimme, »ich hatte schon oft ein kaputtes Beinchen. Mit dem hier ist es eine lange Geschichte.«
»Sag' mal Mücke«, meint Moppel versöhnlich, »wollen wir unseren Streit nicht einfach vergessen und Freunde werden?« Sie wischt sich ihre Kullertränen vom Stachel. »Gute Idee, dann kann ich dir in Zukunft erzählen, was in Werder und Umgebung Spannendes passiert. Du kommst ja nicht weg von deinem Fleck. Außerdem kannst du dich mit deinem dicken Bauch kaum bewegen. Und wie ich gehört habe, kannst du nicht einmal schwimmen!«, summt Mücke.
Damit hat Mücke wohl recht, denkt Moppel. Und so kommt es, dass der dicke Moppel mit der kleinen Mücke Freundschaft schließt.

# DER ERSTE STREIT

Von nun an sind Moppel und Mücke allerbeste Freunde. Während Mücke tagsüber auf Abenteuersuche ist, sitzt Moppel auf seinem Seerosenblatt und wartet sehnsüchtig auf seine kleine Mückenfreundin. Die braucht ihren Auslauf, sonst würde sie platzen vor lauter angestauter Energie. Derweil geht Moppel seiner Lieblingsbeschäftigung nach. Er ruht sich aus und nascht zwischendurch ein paar Leckerlies in Form von Mücken. Er macht sich überhaupt keine Gedanken darüber, dass seine Lieblingsspeise Mückes Eltern, Brüder, Schwestern, Tanten, Onkel, Omas und Opas sein könnten. Beim Essen schaltet er sein Gehirn einfach ab. Als Mücke an diesem Abend zu Moppel kommt, stehen ihre Mückenhaare auf Sturm. Das hat nichts Gutes zu bedeuten. Moppel bekommt es mit der Angst zu tun. So aufgelöst und wütend hat er Mücke noch nie erlebt. Was ist passiert? Mücke baut sich vor Moppel auf und ihre Augen sprühen Funken. »Ich glaub' das jetzt einfach nicht! Ist es wahr, was ich gehört habe?«, brüllt Mücke ihren Freund Moppel an.

Dicke Tränen kullern über ihren Stachel. »Hast du es tatsächlich gewagt, meinen Opi Jim und meine Omi Klara zu vernaschen?« »Wovon sprichst du?«, fragt Moppel ganz unschuldig. »Moppel, du hast meine Familie verspeist!«, schreit Mücke schluchzend. »Meinst du etwa die zwei zähen Mücken, die mir so schwer im Magen liegen?«, fragt Moppel trocken und muss dabei aufstoßen. »Also doch«, jammert Mücke, »und ich dachte, du bist mein Freund. Moppel, wie kannst du nur so grausam sein?«

»Ach Mückchen, sei doch nicht so wütend! Ich verspreche dir, ab sofort und für immer keine Mücken mehr zu vernaschen. Wenn sie doch nur nicht so lecker wären!«

»Untersteh dich, noch einmal die Mücken anzurühren, sonst bin ich nicht mehr deine Freundin!«, schreit Mücke aufgebracht. Moppel tröstet Mücke und verspricht es ihr hoch und heilig. Von Stund an beißt er sich immer auf seine lange, klebrige Zunge, wenn Mücken in seiner Nähe sind.

# KLEINER APFEL MIT GROSSER WIRKUNG

Überall grünt und blüht, zwitschert und summt es. Mücke sitzt zusammen mit ihrem Freund Moppel auf seinem Seerosenblatt und genießt mit ihm die Frühlingsluft. Sie beobachten zitronengelbe Bienen, die in rasanter Geschwindigkeit wie kleine Flugzeuge über ihre Köpfe hinwegdonnern. »Schau mal Moppel, die Bienen sehen heute so anders aus!« Mücke ist auf einmal ganz aufgeregt und hat es plötzlich sehr eilig. »Ich folge ihnen und schau mal, wohin sie wollen«, summt Mücke. Moppel möchte noch antworten, aber Mücke ist schon im nächsten Moment verschwunden. Bei ihrer Verfolgung fliegt sie dicht an die zitronengelben Bienen heran und belauscht ihr Gespräch. Sie erfährt, dass die Bienen aus Spanien kommen, wo es ganz wunderbar leckere Blüten auf riesigen Zitrusplantagen gibt. Sie sind auf einem großen Containerschiff nach Deutschland gekommen.

Mit einem Lkw, der große Mengen getrockneter Zitrusschalen an eine Fabrik am Rande der Stadt liefert, wurden sie dann weiter nach Werder transportiert. Mücke ist so abgelenkt, dass sie nicht bemerkt, dass die Bienen einen Zwischenstopp auf einem Blütenzweig einlegen und prallt mit voller Wucht mit einer dicken Biene zusammen. Diese verliert dabei ihr zitronengelbes Hütchen und brummt Mücke an:
»Wer bist du denn? Kannst du nicht aufpassen?«
»Summserummsumm!«, entschuldigt sich Mücke.
»Ich bin Mücke und wer seid ihr?«
»Ich bin Bella. Wir sind Bienen aus Spanien«, antwortet sie. »Warum tragt ihr so hübsche gelbe Hüte?«, möchte Mücke wissen. »Die Zitronenhütchen tragen wir, weil es bei uns in Spanien sehr heiß ist«, erklärt Bella. Jetzt versteht Mücke auch, warum die Bienen so anders aussehen. »Wo fliegt ihr denn hin?«, möchte Mücke wissen. »Wir sind auf dem Weg zu den großen Apfelplantagen am Stadtrand von Werder. Dort leben wir jetzt, weil die Apfelblüten dort besonders lecker sind. Komm doch mit!«, fordert sie Mücke auf. Zusammen fliegen sie weiter. Plötzlich wird

Mücke abgelenkt. Ein silbergrauer Fuchs erregt ihr Interesse. Dieser sitzt gemütlich auf der Wurzel eines großen Apfelbaumes und knabbert genüsslich an einem Apfel. »Das gibt es doch gar nicht!«, murmelt Mücke. »Ein silbergrauer, apfelfressender Fuchs?« Sie macht vor Aufregung schnell einen Salto und landet dann unverletzt auf einem Ast des Apfelbaumes. Sie versteckt sich hinter einem Blatt, um von dort alles unbemerkt hören und sehen zu können. Da spürt sie, dass sie von der Zitronenbiene Bella verfolgt wurde.

Diese brummt sie auch gleich böse an: »Was ist so wichtig, dass du einfach davondüst, ohne dich von uns zu verabschieden? Außerdem wollte ich dir gern mein Zitronenhütchen schenken. Das findest du doch so schick!« Mücke ist gerührt. »Danke Bella. Sei nicht sauer! Dieser außergewöhnliche, silbergraue Fuchs hat mich fasziniert. Aber nun sei leise, sonst entdeckt er uns!« Beide lauschen interessiert dem Gesang des Fuchses. Er singt Geschichten über sein Leben, über die Entstehung von der Apfelblüte zur Frucht und über die vielen Obstplantagen in Werder.

Mücke staunt, wie schlau der Fuchs ist und was er schon alles erlebt hat. Bella kennt den Fuchs bereits. Sie erzählt Mücke, dass der Fuchs Theo heißt, liebend gerne Äpfel frisst und daher seine Höhle genau unter einem Apfelbaum gebaut hat. Dank der gesunden Äpfel ist er nun der älteste Fuchs in Werder. Mücke versteht nun auch, dass die silbergrauen Strähnen in seinem Fell keine Modeerscheinung, sondern ein Zeichen seines hohen Alters sind. Mücke erfährt, dass es so viele Äpfel gibt und der Fuchs und die Menschlinge diese gar nicht alle aufessen können. Daher wird aus dem restlichen Obst Marmelade, Saft und Mus hergestellt. Die Apfel- und Zitrusschalen werden dann in einer Fabrik am Stadtrand von Werder weiterverarbeitet. »Das muss ich mir anschauen«, surrt Mücke, verabschiedet sich und ist schon im nächsten Moment verschwunden. Mit dem Zitronenhütchen von Biene Bella getarnt saust Mücke wie der Blitz durch die Obstplantagen und erreicht kurze Zeit später unbemerkt das große Fabrikgelände. Von einem Schornstein aus belauscht sie zwei Fabrikarbeiter und bekommt mit, dass die Apfel- und Zitrusschalen in riesigen Behältern mehrfach gekocht, getrocknet, gewalzt, gesiebt, gemischt und zu Pulver verarbeitet werden. Sie schaut durch ein Fenster und sieht viele Menschlinge in weißen Anzügen umherlaufen, welche alles messen, testen und prüfen. Mücke ist fasziniert und findet dies sehr spannend. Sie sieht, wie große Säcke mit Pulver gefüllt und dann auf Lkws verladen werden. Aus dem Gespräch der Fabrikarbeiter hat sie erfahren, dass das Pulver dann zu den Marmeladenherstellern gebracht wird. Jetzt weiß Mücke Bescheid. Sie fliegt zurück und landet schließlich unsanft auf Moppels dickem Bauch. »Mückchen, nicht so stürmisch! Erzähl!«, fordert er seine Freundin auf und muss über Mückes Zitronenhütchen schmunzeln. Mücke hat an diesem Abend sehr viel Spannendes zu berichten. Moppel stellt zwischendurch immer wieder neugierige Fragen und möchte schließlich wissen, was es mit dem Pulver auf sich hat. Auch das weiß Mücke. Sie klärt ihn auf, dass das Pulver Pektin heißt und aus den Apfel- und Zitrusschalen hergestellt wird. Es dient dazu, dass die Marmelade fester wird und den Menschlingen nicht vom Brot fließt. Als Mücke alle Fragen von Moppel beantwortet hat, gibt er seinem Mückchen einen zarten Kuss auf ihren Stachel. Er ist sehr stolz auf seine kleine schlaue Freundin.

# WUNDER AUS DER ERDE

»Was ist denn das?«, wundert sich Mücke. Unter ihr, wie von Zauberhand erschaffen, liegt eine Seenlandschaft. Bis vor Kurzem waren hier doch noch Felder? Sie fliegt näher heran und stellt fest, dass es sich um eine riesengroße Folie handelt, die im Sonnenschein wie Wasser glänzt. Sie guckt unter die Folie und sieht zartrosa und weiße Spitzen aus der Erde schauen. Nun ist ihre Neugierde geweckt und sie macht sich flink auf den Weg, um mehr zu erfahren. Sie ist so in Gedanken, dass sie den großen Berg nicht sieht. Ruuuummmmms! Ein stechender Schmerz durchzuckt Mückes zarten Körper. »Summserummsumm, mein Kopf! Das gibt es doch gar nicht«, jammert Mücke. Sie fliegt taumelnd im Zickzack und landet auf einem glatten rutschigen Untergrund. Oh je, sie fliegt nicht und trotzdem geht es in rasanter Geschwindigkeit bergab. »Das glaube ich jetzt nicht, wie ist das nur möglich?«, ruft Mücke, als sie auf ihrem Po die große Riesenrutsche auf

dem Abenteuerspielplatz im Spargelhof Klaistow hinuntersaust. »Oh, das macht ja Spaß!«, jubelt Mücke. Wenn ihr doch bloß nicht der Kopf so wehtun würde. »Was sind das für Geräusche?«, fragt sich Mücke. Sie schaut sich um und wundert sich. Da sieht sie, dass auf dem Hügel neben der Riesenrutsche Schafe mit ihren Jungen grasen. Daneben sitzen die Hennen Hanna, Helga und Hilde auf der Stange und gackern den Hahn Caruso an.

Mücke schaut sich um und sieht viele spannende Spielgeräte. Sie fliegt umher und kommt aus dem Staunen nicht mehr heraus. Sogar einen riesengroßen Wasserspielplatz mit Pumpen und Schleusen gibt es. Auf der Matschstrecke toben gerade viele Minimenschlinge und haben Spaß. »Schade, dass Moppel das alles nicht sehen kann«, surrt Mücke. Aber gut, dass er seine abenteuerlustige Freundin Mücke hat, die ihm von diesem wunderbaren Ausflugsort erzählen kann. Mit schmerzendem Kopf, aber gut gelaunt, fliegt Mücke zu Moppel zurück. Der lässt es sich wieder gut gehen und hält sein

Mittagsschläfchen. »Moppel, wach auf!«, ruft Mücke. Moppel reagiert nicht. »Moppel, wach doch endlich auf!« Mücke wird ungeduldig. Sie steuert sein Froschmaul an und landet darauf. Als Moppel immer noch nicht reagiert, pustet sie ihm ins Nasenloch. Moppel muss niesen und Mücke fliegt in hohem Bogen auf das naheliegende Seerosenblatt. »Musst du mich wecken?«, knurrt er Mücke an. »Musst du mich auf das Seerosenblatt schießen?«, erwidert Mücke trotzig und rappelt sich auf. Moppel betrachtet Mücke und bekommt einen Schreck. »Mücke, wo hast du dich denn herumgetrieben? Und was hast du für eine große Beule am Kopf?« »Egal!«, summt Mücke tapfer und berichtet von ihrem Ausflug. »In Klaistow, ganz in der Nähe von Werder, gibt es etliche Hügel, aus denen unter Folien versteckt weißrosa Hütchen aus der Erde stoßen. Weißt du, was das ist?«, fragt sie ihn. Moppel weiß Bescheid. Erst kürzlich hat er von Frau Hummel gehört, dass es in Klaistow viele Spargelfelder gibt. »Ach Mücke! Das ist Spargel, welcher aus dem Boden wächst, den Menschlingen super schmeckt und auch Weißes Gold genannt wird.

Du warst am Spargelhof Buschmann & Winkelmann. Man kann das Gemüse dort am Stand kaufen oder im Scheunenrestaurant als leckeres Spargelgericht essen. Na Mückchen, wer fliegt denn soviel herum und erkundet die Umgebung, du oder ich?«, fragt Moppel schmunzelnd. »Ich«, piepst Mücke mit zarter Stimme. »Und wer weiß diesmal besser Bescheid, obwohl er nicht groß vom Seerosenblatt wegkommt?«, prahlt Moppel. »Na du, aber auch nur, weil du bei Frau Hummel ein Gespräch belauscht hast!«, erwidert Mücke trotzig. »Ist doch völlig egal«, plustert sich Moppel auf. »Hauptsache, man kennt sich aus in seiner Heimat!« Moppel schaut Mücke lange an, dann sagt er: »Wenn es stimmt, was Frau Hummel erzählt, dann ist dieser Spargelhof ein tolles Ausflugsziel für die ganze Familie. Nicht nur Spargelfelder gibt es dort, sondern auch Heidelbeerfelder, einen Kletterwald, einen Abenteuerspielplatz, eine Streichelwiese, ein Naturwildgehege und vieles mehr. Sogar Erdbeeren und Heidelbeeren kann man dort selbst pflücken. Ach Mücke, ich möchte auch dorthin.

Nur einmal möchte ich mir Klaistow anschauen.«
»Wie denn?«, säuselt Mücke. »Schau dich doch mal an. Platzt doch bald aus allen Nähten. Willst du nicht endlich auf mich hören und etwas Sport treiben?«, fragt sie. »Quakelaquak. Sport. Was ist denn Sport? Schon dieses Wort, Spoooooort! Mir wird schon bei diesem Gedanken ganz übel.« Mücke ist geknickt.
»Ach, mit dir kann man heute auch nicht vernünftig reden. Mach's gut Moppel, bis morgen. Ich geh' nun meinen Kopf kühlen«, surrt Mücke. »Am besten, du fliegst zum Sanddorndoktor Grille. Gute Besserung Mückchen!«, wünscht Moppel, schließt seine Augen und ist schon im nächsten Moment eingeschlafen.

# HEILENDE BEEREN

Mückes Kopfschmerzen werden immer schlimmer. Deshalb folgt sie dem Rat ihres Freundes und macht sich auf den Weg zum Sanddorndoktor Grille, der im Sanddorngarten lebt. Unterwegs überfliegt sie ein Feld und legt einen kleinen Zwischenstopp ein, weil die orange leuchtenden Beeren so anziehend für sie sind. Sie landet auf einer Pflanze, um eine Sanddornbeere mitzunehmen. Sie hat gehört, dass Sanddorn sehr gesund ist und man daraus leckere Sachen herstellen kann. Doch die Sanddornernte gestaltet sich für Mücke sehr schwierig. Die Pflanzen sind sehr dornig und die Beere für Mücke viel zu groß. Mücke zieht und zerrt, rupft und zupft, reißt und beißt, aber die Beere löst sich nicht vom Zweig. Da tippt jemand Mücke auf ihren Flügel. Mücke bekommt einen Schreck und schaut sich um.

»Müsst ihr mich so erschrecken?«, faucht sie die Mücken Mia und Mara an. »Sei doch nicht sauer! Wir wollen dir doch nur helfen!«, summt Mia. »Du siehst

ja zum Gruseln aus«, schmunzelt Mara. »Wo hast du denn die große Beule am Kopf her?«, fragen die beiden Mücken einstimmig und müssen kichern. »Was du immer für Sachen machst. Sei froh, dass wir dich gehört haben, denn die Beere bekommst du niemals allein ab. Komm, wir versuchen es gemeinsam!«, summen sie. Sie ziehen und zerren, rupfen und zupfen, reißen und beißen, doch nichts passiert.

»Schaut mal, da hinten sind die Krähen Krax und Krex.« Kurzentschlossen bitten sie die Krähen um Hilfe. Und siehe da, ruckzuck löst sich die Sanddornbeere vom Zweig. »Siehst du«, surren Mia und Mara, »zusammen sind wir stark!«

»Summserummsumm«, bedankt sich Mücke bei allen. »Ohne eure Hilfe hätte ich es wirklich nicht geschafft.« Sie schnappt sich die Beere und fliegt mit zerkratztem Gesicht und immer noch schmerzendem Kopf weiter zum Sanddorndoktor Grille. Mückes Beule puckert und hat sich zu einem richtigen Horn entwickelt. Total entkräftet kommt sie in Petzow im

Sanddorngarten an. »Oh je«, zirpt der Sanddorndoktor, »das sieht nicht gut aus!« »Kann man denn da etwas machen?«, fragt Mücke ängstlich. »Aber ja doch«, tröstet sie der Sanddorndoktor. »Ich habe da auch schon eine Idee. Du bekommst eine heilende Salbe, einen Kopfverband und erholst dich dann auf unserer Seeterrasse im Restaurant bei einem kühlen, erfrischenden Sanddornsaft. Na, wie hört sich das an? Währenddessen erzähle ich dir noch interessante Dinge über unseren Sanddorngarten.« Als Mücke endlich mit ihrem Kopfverband auf der Seeterrasse sitzt, lauscht sie neugierig der Sanddorngrille. Sie erfährt vieles über diese leckere, gesunde Beere, was daraus alles hergestellt wird und wie viele verschiedene Sanddornprodukte die Menschlinge dann im Hofladen kaufen können. Mücke ist dankbar und überwältigt. Nie hätte sie gedacht, dass eine kleine Frucht eine so große Wirkung hat. Inzwischen geht es ihr schon viel besser und so macht sie sich auf den Heimweg. Moppel wird einen Schreck bekommen, wenn er sie mit dem riesigen Kopfverband sieht.

»Heute ist ein schöner Tag, wie ich ihn immer gerne mag!«, tönt Mückes Gesang weit über die Havel bis an Moppels Ohr. »Kann man nicht einmal seine Ruhe haben?«, brummt Moppel und knabbert dabei an einem Schilfhalm. Neugierig ist er schon, warum Mücke heute so besonders gute Laune hat. Ob sie heute noch vorbeikommt? Lange muss er da nicht warten, denn Mücke nimmt Anflug auf Moppels dicken Bauch. »Hallo Mückchen«, quakt Moppel. Er kann seine Freude kaum verbergen und seine Neugier schwer zügeln. Er muss grinsen, als er Mücke mit dem riesigen Kopfverband sieht. »Ich sehe zwar lustig aus«, lacht Mücke, »aber der Tipp mit Sanddorndoktor Grille war prima. Mir geht es wieder richtig gut!«
»Sag' mal Moppel, weißt du eigentlich, was eine Bibliothek ist?«, will sie von ihrem Freund wissen.
»Wo gibt es denn diese Bibli ..., wie war das noch mal?«, fragt Moppel zurück. »BIBLIOTHEK«, wiederholt Mücke. »Keine Ahnung! Was soll denn das sein?«,

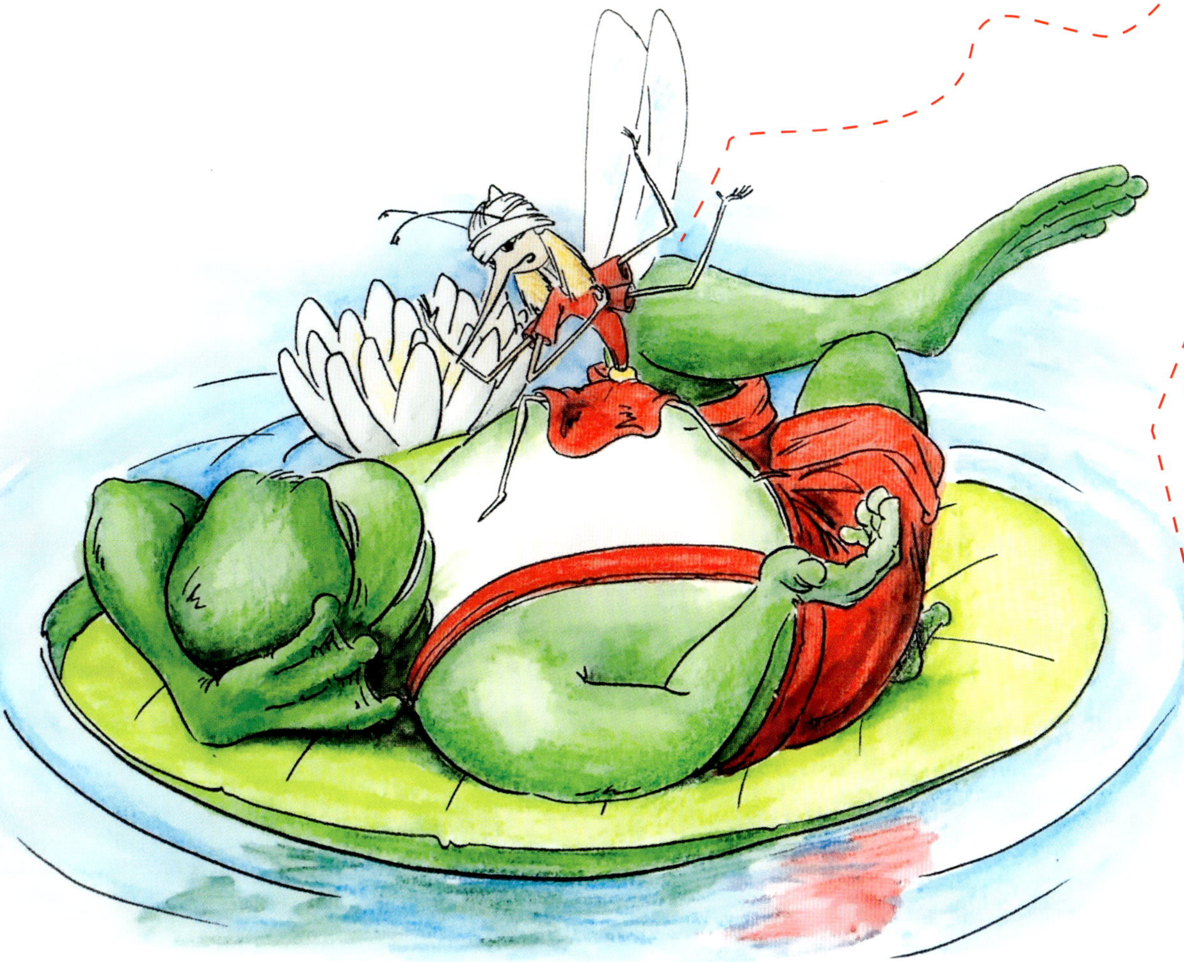

fragt Moppel. »Na, das will ich doch von dir wissen!«, erwidert Mücke. »Ich denke«, überlegt er und tut sehr wichtig, »das ist etwas, wovor man bibbern muss, also vor dem man Angst haben muss.« »Das ist doch Quatsch, Moppel! Wo hast du denn den Unsinn her?«, will Mücke wissen. »Sag du mir lieber, woher du diesen Namen hast!«, fordert Moppel Mücke auf.

»Bei einem meiner Ausflüge bin ich über ein Gebäude geflogen, an dem Stadtbibliothek steht«, berichtet Mücke. »Na, dann musst du mal sehen, ob du in dieses Gebäude hineinkommst!«, brummt Moppel. »Dann erfahren wir vielleicht, was man da machen kann und ob man sich fürchten muss.«
Gesagt, getan. Sofort macht sich Mücke auf den Weg zur Stadtbibliothek Werder. Sie fliegt über die

kleine Inselbrücke, entlang der Einkaufsstraße, über die Kreuzung und landet schließlich auf einem großen Postkasten direkt vor dem Bibliotheksgebäude.
Doch jetzt hat Mücke ein Problem. Wie soll sie ins Innere des Gebäudes kommen? Mücke hört Stimmen und hat sofort einen Plan. Mit wenigen Flügelschlägen gelangt sie an ein Fenster, welches einen kleinen Spalt geöffnet ist und aus dem Stimmen kommen. Plötzlich hört sie ihren Namen. Wurde sie gesehen? Aber wie ist das möglich? Sie hört genauer hin.
»Frau Mücke, ich möchte mir gern dieses Buch ausleihen!«, piepst eine Minimenschlingsstimme.
Ein dumpfer Knall, ein lauter Schrei und tausend kleine Glassplitter liegen auf dem Boden. »Ach du lieber Stachel!« Vor Schreck, weil sie ihren Namen gehört hat, ist Mücke an eine Blumenvase gestoßen, die dort stand. Die Vase ist direkt vor die Füße einer Frau gefallen, die einen Stapel Bücher in der Hand hält. Verwundert betrachtet sie die Scherben auf dem Fußboden. Sie heißt auch Mücke, Frau Mücke, und arbeitet hier in der Bibliothek.

Unsere kleine Mücke sitzt derweil zittrig auf dem Fensterbrett und beschaut sich das Unglück.
»Oh je! Wie konnte das nur wieder passieren? Was bin ich doch für eine Pechmücke!«, summselt Mücke. Geknickt fliegt sie auf die Schulter von Frau Mücke und summt ihr Fragen ins Ohr: »Kannst du mir bitte sagen, was eine Bibliothek ist? Wozu sind die vielen Regale? Wozu braucht man so viele Bücher?«
Frau Mücke, die ein Menschling ist und als Namensvetterin die Summsprache der Mücken versteht, wundert sich, woher das zarte Stimmchen kommt. Dann entdeckt sie die kleine, ängstliche Mücke auf ihrer Schulter und muss lächeln.
»Eine Bibliothek ist ein Ort, an dem viele verschiedene Bücher gesammelt werden, die man sich ausleihen und lesen kann«, erklärt sie. »Hier gibt es Liebesromane, Abenteuerromane, Märchenbücher und Krimis. Aber auch wissenschaftliche Bücher über Pflanzen, Tiere, Erfindungen und vieles mehr. Außer Büchern kann man sich auch Filme, Zeitschriften und Spiele ausleihen.« Mücke versteht und ist begeistert.

Wenn jemand etwas wissen möchte, leiht er sich ein Wissensbuch zu diesem Thema aus. Anschließend gibt man es bei Frau Mücke, der Bibliothekarin, wieder ab. Mücke hat genug gehört. Moppel wird staunen, wenn sie ihm erklärt, was eine Bibliothek ist und dass es nichts mit bibbern zu tun hat.

# VERRÜCKTE SCHUHE

Mücke fliegt nun schon zum fünften Mal im Kreis herum. »Verflixt! Was ist denn das nun schon wieder?«, grummelt Mücke. Eigentlich wollte sie sich doch nur Informationen zum Sommerfest einholen, als sie mit Entsetzen feststellen muss, dass sie in einem geschlossenen Raum gefangen ist. »Summserummsumm! Wie schrecklich! «, jammert sie. Geknickt setzt sie sich auf eine Lampe, um nicht entdeckt zu werden. Sie schaut sich neugierig um. »Wow, das ist ja irre!« Ganz wild schlägt sie um sich. »Autsch!« Zu spät. Wieder einmal war Mücke zu aufgeregt und hat sich diesmal den linken Flügel an der Lampe verbrannt. Doch Mücke hat keine Zeit, sich um ihre Schmerzen zu kümmern. Es gibt so viel zu sehen! Überall stehen Regale mit Schuhen. Was Mücke sieht, fasziniert sie so sehr, dass sie sich nur auf diese irren Schuhe konzentrieren kann. »Wie heißt denn dieser Laden auf der Insel?«, möchte Mücke wissen. Sie schaut sich interessiert um.

Da entdeckt sie ein Schild mit der Aufschrift VERRÜCKTE SCHUHE. Coole Idee, denkt sie. Ein Menschling ist gerade dabei Schaulaufen zu machen. »Sind das verrückte Dinger!« Mücke möchte auch diese irren Schuhe haben. Ob die Verkäuferin ihr welche besorgen kann? Moppel würde Augen machen, wenn sie mit gelb karierten Schuhen angesaust käme.

# MÜCKE HAT EINEN PLAN

Als Mücke nach ihrem Ausflug zu ihrem Freund Moppel kommt, ist sie sehr nachdenklich. Moppel bemerkt sofort, dass Mücke etwas bedrückt. »Was ist denn heute los mit dir Mücke? Erzähl!« »Weißt du Moppel, ich habe eine coole Idee. Ich weiß nur noch nicht so genau, wie wir das anstellen.« Moppel wird neugierig. »Nun summ doch endlich! Vielleicht kann ich dir helfen?« Und Mücke beginnt zu berichten: »An der Regattastrecke auf der Insel Werder findet ein großes Sommerfest der Tiere mit verschiedenen Wettkämpfen statt. Meine Idee ist es, dass wir auch daran teilnehmen.« »Was sind das für Wettkämpfe?«, will Moppel wissen. »Na, das ist es ja«, erwidert Mücke. »Für die Frösche findet ein Wettschwimmen statt. Es beginnt beim ersten Schilfhalm an der Inselbrücke und geht über den Havelarm Föhse bis zum Steg. Das ist dort neben Janny's Eis. Weißt du, wo ich meine, Moppel?« »Hmm?« Moppel macht ein komisches Gesicht. »Ich weiß nicht, wo das ist.«

»Aber Moppel«, ereifert sich Mücke. »Du kennst doch die kleine Brücke, die zur Inselstadt führt. Dort, wo immer Ententreff ist und die Ratten Rudi und Rufus ihr Unwesen treiben.« »Ja, den Ententreff kenne ich«, quakt Moppel. »Und genau dort beginnt unsere Wettkampfstrecke, einmal quer über die Föhse. Und weißt du, was es als Preis gibt?« Mücke schaut ganz geheimnisvoll. »Los, sag schon!«, brummt Moppel.

»Der Sieger bekommt das Wohnrecht für einen ganzen Sommer auf dem schönsten Seerosenblatt der Föhse, mit einer weiß-gelb blühenden Seerose als Sonnensegel, direkt neben der schönen Fröschin Frida.« »Na, das ist ja super!«, platzt Moppel dazwischen. »Da mache ich doch mit! Wenn ich gewinne, ziehe ich um und kann es mir unter dem Sonnensegel noch gemütlicher machen.« »Ja, Moppelchen, aber da haben wir ein kleines Problem. Du kannst doch gar nicht schwimmen.« Moppel wird sehr nachdenklich. »Na, dann muss ich es eben lernen, ist doch klar!«, quakt er. »Mückchen, hilfst du mir dabei?«, fragt er seine kleine Freundin zaghaft. »Auch wenn ich es gern möchte, das schaffen wir nicht allein«, antwortet Mücke. »Ich werde meine Freunde fragen, vielleicht unterstützen sie uns.« Noch am selben Abend wird ein großer Mückenrat einberufen. Alle Mücken sind anwesend. Sie beschließen einstimmig, Moppel zu helfen, weil er sein Versprechen gehalten hat, keine Mücken mehr zu verspeisen.

# WETTKAMPFVORBEREITUNG

Von nun an trainieren sie gemeinsam von morgens bis abends. Mücke zeigt Moppel aus der Luft die Schwimmbewegungen und der Mückenschwarm bildet Schwimmflügel für seine Arme. Sogar die Glühwürmchen helfen mit, indem sie Licht spenden.

Moppel übt Tag für Tag, bis seine Kräfte versagen und er abends erschöpft auf seinem Seerosenblatt einschläft. Aber trotz regelmäßiger Schwimmübungen kommt er nicht voran.
»So klappt das nicht!«, sagt Mücke eines Tages ganz verzweifelt. »Wenn das so weitergeht, kannst du nicht am Wettkampf teilnehmen.« »Aber ich will!«, entgegnet Moppel bockig und stampft mit seinen Füßen auf das Seerosenblatt, das gewaltig zu wackeln beginnt. »Probieren wir es erst einmal mit Muskelaufbautraining«, schlägt Mücke vor.
»Was heißt denn das?«, will Moppel wissen. »Das heißt, dass du mehr Muskeln brauchst«, erwidert Mücke geduldig. »Wozu?«, fragt Moppel. Mücke stupst Moppel an, der sofort auf den Rücken fällt.
Da liegt er nun, strampelt mit den Beinen und kommt weder vor noch zurück. »Deshalb!«, sagt Mücke.
»Dir fehlen einfach Kraft und Ausdauer. Darum müssen wir das trainieren. Dann hast du auch die Kraft zum Schwimmen«, summt Mücke. Am nächsten Trainingstag kommt Mücke nicht allein.

Sie bringt Bertha und Bruno mit, die dicksten Mücken aus dem Mückenschwarm. »So, jetzt geht's los!«, flötet Mücke. Sie gibt Moppel einen Stoß und ehe er sich versieht, liegt er schon wieder auf dem Rücken. »Und nun strecke deine Arme nach oben!«, fordert Mücke. Moppel tut, was Mücke sagt. »Und jetzt kommt ihr, Mücke Bertha und Mücke Bruno, zum Einsatz. Setzt euch auf seine Hände und bewegt euch nicht!« »Halt, halt!«, schreit Moppel da aus voller Kehle. »Was soll das? Das ist mir viel zu schwer.«

»Naja«, lacht Mücke, »das muss es doch auch. Du bekommst sonst keine Muskeln und auch keine Ausdauer, die du zum Schwimmen dringend brauchst.« »Quakelaquak, du lieber Frosch«, stöhnt Moppel. »Es wird sogar noch etwas schwerer«, summt Mücke schadenfroh. »Jetzt machst du nämlich fünf Armstrecken mit Bertha und Bruno.« »Mücke, liebes Mückchen, du quälst mich«, quakt Moppel. »Hör auf zu jammern und mach, was ich dir sage!«, schimpft Mücke. »Willst du jetzt schon aufgeben?

Ich denke, du willst den Wettkampf gewinnen?«
»Ja, das will ich doch auch«, stöhnt Moppel. Er stemmt die zwei dicken Mücken in die Höhe. Das sieht sehr lustig aus und Mücke verkneift sich ein Kichern. Moppel macht seine Übungen und hält tapfer durch. Als er mit dieser Aufgabe fertig ist, kommen die Beine zum Einsatz. Anschließend lässt Moppel erschöpft alle Viere von sich fallen. Mücke ist stolz auf ihren fleißigen Moppel. Da er so wehrlos auf dem Rücken liegt, gibt sie ihm ein zartes Küsschen auf seine Nase. Bertha und Bruno müssen grinsen und fliegen schließlich zu ihrem Mückenschwarm zurück. »Das hast du prima hinbekommen. Ich bin soooo stolz auf dich. So kann unser Plan gelingen!«, summt Mücke. Und so trainieren sie Tag für Tag. Moppels Muskeln werden immer kräftiger. Auch bekommt er immer mehr Ausdauer. Dann ist es endlich soweit und sie können erneut mit den Schwimmübungen beginnen. Und siehe da, es klappt wunderbar. Mithilfe des flatternden Mückenschwarms, die als Armreifen dienen, werden die Armbewegungen immer besser.

Auch klappt es endlich mit den Beinbewegungen.
Von Tag zu Tag wird der Mückenschwarm an seinen Armen immer kleiner, bis ihm eines Tages kein Mückenschwarm mehr als Schwimmhilfe unterstützt. Moppel ist enttäuscht. »Kein Verlass auf diese Mücken«, schimpft er. »Mich einfach im Stich zu lassen.« »Aber Moppel«, flötet Mücke, »dich lässt hier niemand im Stich. Schau dich um! Alle Mücken sind gekommen, um zu sehen, wie du es alleine schaffst.«
»Wie, allein?« Moppel macht ein dummes Gesicht.
»Soll das ein Witz sein?«, quakt er.
»Nun stell dich nicht so an!«, säuselt Mücke.
»Hast du denn nicht gemerkt, dass gestern nur noch ganz wenig Mücken als Armreifen gedient haben? Du bist gestern schon fast alleine geschwommen!«
Moppel kann es kaum glauben. Er war so in seine Übungen vertieft, dass er um sich herum nichts mitbekam. Da er nun aber weiß, dass er auf sich allein gestellt ist, bekommt er es mit der Angst zu tun.
»Nun trau dich doch endlich«, ermutigt Mücke ihn.
Moppel lässt sich ins Wasser plumpsen. Platsch!

Langsam beginnt er zu schwimmen. Alle Mücken hören auf zu summen und halten den Atem an. Unglaublich! Moppel bewegt sich von der Stelle und geht nicht unter. Plötzlich bricht ein tosender Lärm los. Die Mücken klatschen Beifall und summen alle wild durcheinander. Durch den Krach werden die Frösche von der Inselbrücke angelockt. Sie glauben ihren Augen kaum, als sie sehen, wer da im Wasser schwimmt. Tatsächlich, ihr bequemer, dicker Frosch Moppel. Auch sie fangen an zu klatschen und zu quaken. Moppel strahlt über das ganze Froschgesicht und sein Herz quillt über vor lauter Stolz und Glück.

# BLÜTENCAMPING RIEGELSPITZE

Was ist das für ein schöner Tag? Es hat aufgehört zu regnen, die Sonne scheint und ein wunderschöner Regenbogen schmückt den Himmel. Doch Mücke hat schlechte Laune, was äußerst selten vorkommt. »Heute ist auch gar nichts los. Mit Moppel ist nichts anzufangen«, mault Mücke. »Er schläft, jedenfalls tut er so.« Sogar Fröschin Frida ist bockig, bloß weil Mücke gestern mit ihr Schabernack getrieben hat. »Ach, summserummsumm! Jetzt müsste etwas richtig Tolles passieren. Aber was?« Mücke fliegt los und sieht die vielen bunten Obstblüten an den Bäumen. Ein Gesumme und Gezwitscher liegt in der Luft. Plötzlich hat sie eine Idee. Sie hat gehört, dass es ganz in der Nähe einen Platz für Menschlinge gibt, der Riegelspitze heißt und dass dort immer besonders gute Stimmung ist. Die Krähen Krax und Krex waren vor Kurzem dort und haben sich das Fischreiherparadies und die Biberburg angeschaut. Mücke dreht noch zwei Runden über Werder. Sie fliegt über ein Haus, welches Möbelhaus Christ heißt, in

dem die Menschlinge tolle Möbel für ihre Wohnung kaufen können. Dann überfliegt sie die Strengbrücke und landet schließlich auf einem Schild mit dem Hinweis Blütencamping Riegelspitze. Mücke ruht sich kurz aus und fliegt dann weiter. Ruuummms. »Summserummsumm. Was war das?« Mücke ist ganz taumelig. Da kommt ein Minimenschling auf sie zugerannt und hebt das kleine runde Ding, das sich Ball nennt, vom Boden auf. Glück gehabt!

Mücke wurde zwar vom Ball gestreift und ihr Rücken schmerzt mächtig, aber sie wurde nicht entdeckt. Sie rappelt sich auf und fliegt weiter. Überall ist etwas los. Keiner hat hier Langeweile. Während die älteren Menschlinge mit Angelzeug beladen um ihre Boote herumwuseln, haben die Minimenschlinge im Wasser ihren Spaß. Der Campingplatz Riegelspitze ist ein Ort der Entspannung und der guten Laune. »Sind das dort hinten am Wasser nicht Onkel Moritz und Tante Maja mit ihren Fünflingen Ma, Me, Mi, Mo und Mu?«, freut sich Mücke. Sofort bessert sich ihre Laune. »Du hier auf unserem Campingplatz?«, fragt Tante Maja. »Ja, da staunt ihr, was?«, antwortet Mücke keck. »Und keine Wehwehchen heute?«, lacht Onkel Moritz gut gelaunt. Ma, Me, Mi, Mo und Mu müssen kichern. »Nein«, grinst Mücke und schaut verlegen nach unten. »Komm, wir zeigen dir hier alles«, summen die Mücken. Sie fliegen über die unterschiedlichen Übernachtungsmöglichkeiten direkt am Glindower See, über einen schönen Badestrand mit Abenteuerspielplatz und sehen viel Wasser zum

Angeln, Baden, Bootfahren, Surfen und Schwimmen. Mücke ist begeistert. Da entdeckt sie auch die Fischreiher, die wie Statuen auf Holzstämmen stehen. Fünf Reiher sind es. So viele hat Mücke nebeneinander schon lange nicht mehr gesehen. Sie kann sogar eine Biberfamilie beobachten, die gerade mit ihren Jungen eine Wasserschlacht macht. Mücke ist ganz aufgeregt und von schlechter Laune ist nun wirklich nichts mehr zu merken. Gut gelaunt fliegt sie zu ihrem Freund Moppel zurück.

# KOPF-AN-KOPF-SCHWIMMEN

Am Tag des Sommerfestes herrscht an der Regattastrecke helle Aufregung. Jeder geht seiner Beschäftigung nach, um noch die letzten Vorbereitungen zu erledigen. Die Tiere, die am Wettkampf teilnehmen, sind gut vorbereitet. Dann ist es endlich soweit!
Moppel kann seine Schwimmkenntnisse unter Beweis stellen. Zuerst gibt es ein großes Konzert, bei dem alle mitwirken können. Die Mücken und Bienen summen, die Frösche quaken, die Grillen zirpen und die Vögel trällern. Selbst der Wind pfeift seine Melodie. Das hört sich wunderschön an. Anschließend tritt die Froschtanzgruppe unter Leitung der schönen Fröschin Frida auf. Moppel kann sich an Frida gar nicht sattsehen. Sein Herz quillt über vor lauter Sehnsucht nach dieser wunderschönen Fröschin. Als der Auftritt beendet ist, kommt es zum Höhepunkt des Festes, dem Wettschwimmen der Frösche.
Bei diesem Wettkampf treten zwei Favoriten an den Start. Der flotte Florian und Moppel, Fridas geheimer

Favorit. Da er mittlerweile ein guter Schwimmer ist, wird er zum echten Konkurrenten für den flotten Florian. Beide betrachten sich misstrauisch. Nicht nur, dass jeder den Wettkampf gewinnen möchte, oh nein, beide haben auch ein Auge auf die schöne Fröschin Frida geworfen. Der Sieger wird das Wohnrecht auf dem Seerosenblatt neben Frida bekommen. Das spornt beide Frösche ungemein an. Dann gibt der Fischreiher Fritz das Startzeichen für die Wettkämpfer, indem er mit dem Schnabel an das Geländer der Inselbrücke schlägt.

Der flotte Florian macht einen eleganten Kopfsprung ins Wasser. Moppel, der nur Augen für die schöne Frida hat, steht immer noch verträumt an der Startlinie. Schnell springt er hinterher und versucht herauszuholen, was noch möglich ist. Durch den verpatzten Start ist das gar nicht so einfach. Stück für Stück kämpft er sich an Florian heran.

Auf Moppels Fanbühne schwirren die Mücken vor Aufregung wild durcheinander und feuern Moppel an. Dann geschieht das Unmögliche. Moppel überholt Florian und schlägt als Erster am Steg an. Die Mücken toben vor Freude. Auch Moppel wird es warm ums Herz. Der Fischreiher Fritz überreicht Moppel einen Seerosenstängel für sein neues Heim. Der flotte Florian ärgert sich mächtig, doch auch er kommt zum Gratulieren und klopft Moppel anerkennend auf die Schulter. Beide schauen sich an und wissen, dass hier und jetzt eine neue Männerfroschfreundschaft entstehen kann. Zu den Gratulanten zählt natürlich auch Frida. Sie freut sich sehr über Moppels Sieg. Da sie aber eine sehr zurückhaltende Fröschin ist, hat sie sich bisher nichts anmerken lassen. Doch hat sie schon längst bemerkt, dass Moppels verliebte Blicke ihr galten. Deshalb hat sie heute ganz heimlich ihre Froschdaumen für Moppel gedrückt. Umso mehr freut sie sich, dass nicht der hochnäsige flotte Florian, sondern Moppel als Sieger hervorgegangen ist.

# DER UMZUG

Was für ein Morgen, so wie Moppel ihn liebt. Wie ein Feuerball steigt die Sonne hinter der Insel aus dem Wasser. Als ob die Welt den Atem anhält, so zauberhaft ist dieser Augenblick. Aber wo ist Mücke?

Diese sitzt zusammengesunken und tieftraurig auf einem Schilfhalm an der Inselbrücke. Eigentlich müsste sie bester Laune sein, denn es ist super Mückenwetter. Die Sonne scheint, ein leichter Wind bringt das Schilf zum Rascheln und die kleinen Angelkähne zum Schaukeln. Aber Mücke hat heute trotzdem schlechte Laune. Es ist nämlich der Tag, an dem Moppel seinen Gewinn einlösen und zum Luxus-Seerosenblatt umziehen will. Ist ja gar nicht schlecht, denkt Mücke. Nun braucht sie nicht mehr so weit fliegen, wenn sie zu Moppel will. Das Luxus-Seerosenblatt ist mit nur sechs Flügelschlägen zu erreichen, liegt also direkt neben dem Schilf, in dem Mücke mit ihrer Familie lebt. Alles könnte so schön sein. Doch Mücke macht sich Sorgen, dass Moppel keine Zeit mehr für sie haben könnte. Nicht, dass er dann nur noch Froschaugen für die schöne Frida hat! Um auf andere Gedanken zu kommen, stürzt sie sich in ein neues Abenteuer.

»Soll Moppel doch zusehen, wie er allein mit dem Umzug klar kommt«, grummelt Mücke.

Unterdessen wartet Moppel vergeblich auf seine kleine Freundin. Wo bleibt sie denn nur? Er ist verärgert, weil es ja Mückes Idee war, am Wettkampf teilzunehmen. Moppel hätte es nie für möglich gehalten, dass er als Sieger aus dem Wettkampf hervorgehen und das Wohnrecht auf dem Luxus-Seerosenblatt gewinnen könnte. Moppel staunt nicht schlecht, als nicht Mücke am Himmel, sondern die schöne Fröschin Frida aus dem Wasser auftaucht und ihm beim Umzug helfen will.

Mücke hingegen verschwendet heute keinen Gedanken mehr an Moppel. Plötzlich erregen drei Minimenschlinge ihre Aufmerksamkeit. Mücke ist fasziniert, wie die Drei mit rot verschmierten Mündern lachend und schmatzend auf der Seeterrasse des Fischrestaurants Arielle sitzen und kleine goldene Stäbchen in eine rote Soße tunken. Währenddessen lassen sich die Eltern der Minimenschlinge leckeren Zander schmecken, den der Fischer in der Havel gefangen hat. »Was ist das bloß Leckeres?« Das muss sich Mücke genauer anschauen.

Vor Aufregung passt sie nicht auf und fliegt auf eine leere Flasche zu. Sie prallt dagegen und plumpst direkt in die rote Pfütze, die sich auf einem Teller mit den goldenen Stäbchen befindet.

»Mmmh, das ist ja wirklich leckeres Zeug«, säuselt sie, nachdem sie ein bisschen gekostet hat.

Plötzlich muss sie mit Entsetzen feststellen, dass sie in der roten Soße festklebt und nicht wegfliegen kann. »Summserummsumm!« Schnell leckt sie sich die Flügel ab, bevor die Minimenschlinge sie noch vernaschen. Schon sieht sie ein goldenes Stäbchen auf sich zukommen. Gerade noch rechtzeitig schafft sie den Abflug und landet wieder auf der großen roten Flasche mit der Aufschrift Werder Tomaten Ketchup. Da hört sie eine Minimenschlingsstimme rufen: »Ich möchte auch Pommes mit Ketchup!« Jetzt weiß sie, dass die goldenen Stäbchen Pommes Frites sind und die leckere Soße Tomatenketchup aus ihrer Heimat Werder ist. Nun muss sie doch wieder an Moppel denken und bekommt ein schlechtes Gewissen. Musste sie Moppel an so einem wichtigen Tag im Stich lassen? So schnell sie kann, fliegt sie zum alten Seerosenblatt, um Moppel beim Umzug zu helfen. Sie bekommt einen Schreck, denn das Seerosenblatt ist leer. Nur in der Ferne sieht sie noch, wie Moppel und Frida gemeinsam hinter der Inselbrücke verschwinden.

WERDER
TOMATE
KETCHUP
WERDER
TOMATE
KETCHU

# HERZSCHMERZ

Moppel macht sich große Sorgen. Seit dem Umzug vor drei Tagen hat sich seine Freundin Mücke nicht mehr sehen lassen. Das ist sehr ungewöhnlich. Sonst erscheint sie täglich und erzählt ihre Abenteuer. »Hoffentlich ist nichts passiert«, seufzt Moppel. Niemand hat Mücke gesehen. Mücke sitzt währenddessen auf ihrem Schilfrohr an der Inselbrücke und weiß nicht ein noch aus. Am vierten Tag beschließt sie, Moppel aufzusuchen. Sie braucht Moppels Rat.

Als Moppel Mücke sieht, atmet er erleichtert auf. Doch beim genauen Hinsehen bekommt er einen Schreck. »Mücke, was ist los? Wie siehst du aus? Bist du krank?«, möchte er wissen. Mücke druckst herum und weiß nicht, wie sie das Gespräch mit Moppel beginnen soll. »Moppel, es ist etwas Fürchterliches geschehen. Ich weiß nicht, wie es weitergehen soll.«

Moppel sieht, dass Mücke total verzweifelt ist. »Nun erzähl doch endlich, vielleicht kann ich dir helfen?« »Ich kann nicht«, schluchzt Mücke. »Nun hör auf zu weinen und sprich mit mir!«, fordert Moppel sie auf. »Ich habe mich verliebt«, haucht Mücke ganz leise. »Aber das ist doch prima!«, freut sich Moppel und versteht Mückes Kummer nicht. »Ich freue mich für dich! Wer ist denn der Glückliche?«, möchte er wissen. »Na das ist es ja gerade. Derjenige weiß es noch gar nicht«, sagt Mücke schüchtern. »Sag mir endlich, wer es ist!«, fordert er Mücke auf. Moppel möchte nun endlich wissen, warum Mücke so verzweifelt ist. »DU!«, piepst Mücke. Jetzt verschlägt es Moppel die Sprache. Mit weit aufgerissenen Froschaugen und offenem Froschmaul starrt er Mücke an. Als er sich vom ersten Schreck erholt hat, quakt er: »Aber Mückchen, das geht doch nicht!«

»Aber warum denn nicht? Bloß weil nun Frida deine neue Freundin ist?«, will Mücke wissen und dicke Tränen tropfen über ihren Stachel. Moppel bricht es das Herz. »Mit Frida hat das nichts zu tun. Aber überleg doch mal«, beginnt er vorsichtig.

»Ich mag dich auch sehr, aber ein Frosch und eine Mücke, wie soll das gehen?«
»Weiß ich doch auch nicht«, erwidert Mücke verzweifelt. Ganz vorsichtig nimmt Moppel die zarte Mücke in seine starken Froscharme. »Wir beide, du und ich, sind die wunderbarsten, wundersamsten, außergewöhnlichsten und besten Freunde in und um Werder, ach, was sag ich da, auf der ganzen Welt. Diese Freundschaft ist so einzigartig, die kann uns keiner nehmen.« Mücke überlegt. »Und du lachst mich jetzt nicht aus, weil ich mich mit meinen kleinen Mückenaugen in dich verguckt habe?«
»Ach Mückchen, das kann schon mal passieren, bei einem so tollen Frosch wie mir. Außerdem entscheidet manchmal das Herz. Stell dir nur mal vor, was wir für seltsame Kinder bekommen würden. Oben Frosch und unten Mücke oder umgekehrt.« Jetzt müssen beide herzhaft lachen. »Du hast recht Moppel. Was habe ich nur für einen schlauen Freund. Lass uns die Sache ganz schnell vergessen!«, schlägt Mücke vor.
»So soll es sein«, quakt Moppel und ist froh, dass er seine kleine Freundin beruhigen konnte.

# DAS GEHEIMNISVOLLE GESCHENK

Mücke ist erleichtert, dass sie Moppel mit ihrer Liebeserklärung nicht als Freund verloren hat. Als Zeichen ihrer Freundschaft möchte sie ihm eine kleine Freude machen. Da hat sie eine Idee. Wie wäre es mit einem außergewöhnlichen Geschenk? Aber wo bekommt man etwas Besonderes und Außergewöhnliches her? Und was wäre für diesen Anlass angemessen? Sie rauft sich die Haare, streicht über ihren Stachel und denkt nach. Gibt es da nicht neben Janny's Eis in der Einkaufsstraße einen Geschenkeladen, der Karalus heißt? Erst kürzlich hat sie dort Menschlinge gesehen mit großen aufgeblasenen Luftballons, in denen sich eine Kleinigkeit befand. Das wäre doch genau das Richtige! Mücke will der Sache auf den Grund gehen und fliegt los. Sie schaut sich die fröhlichen Minimenschlinge an, die mit ihren Eistüten schnatternd bei Janny's sitzen. Mücke fällt es schwer, das Gleichgewicht zu halten, weil sie sich kürzlich den Flügel verletzt hat. »Ach, du lieber Stachel, was ist denn das?«

Mücke merkt wie
sie zur Erde stürzt.
»Summserummsumm-
summ…«
Sie spürt noch, wie sie
zur Eissäule erstarrt,
dann verliert sie das
Bewusstsein. Als sie
ihre Augen aufschlägt,
weiß sie erst nicht, wo
sie sich befindet. Doch
dann bemerkt sie,
dass ihr Mückenpopo
in einer Eiskugel
festgefroren ist. Mücke fühlt
sich beobachtet und fängt vor Kälte und Angst an
zu zittern. Sie merkt, dass sie von vier Augenpaaren,
also von acht Augen, beobachtet wird. Die Mini-
menschlinge Yara, Anna, Enni und Ronja schauen
fasziniert auf Yaras Eis und schnattern aufgeregt
durcheinander. »Seid nicht so laut!«, schimpft Yara.
»Da erschrickt sich doch das Mückchen.«

»Hab keine Angst!«, flüstert Yara Mücke zu und befreit sie aus der Eiskugel. Sie nimmt sie ganz vorsichtig in die Hand und haucht sie an. Mücke wird es langsam warm. Sie schlägt behutsam mit den Flügeln und schaut Yara dankend an. »Summserummsumm«, flötet sie. »Hab vielen Dank!« Und fort ist sie. Die Minimenschlinge schauen ihr hinterher und sehen noch, wie Mücke im Geschenkeladen Karalus verschwindet. Nach einiger Zeit kommt sie zurück. Aber was ist das? Mücke hält einen kleinen Luftballon fest, in dem sich etwas befindet. Sie steuert die vier Minimenschlinge an und setzt sich ganz vorsichtig auf den Tisch. Yara, Anna, Enni und Ronja kommen aus dem Staunen nicht mehr heraus. »Schaut nur«, ruft Enni da ganz entzückt. »Da ist ja ein kleines Geschenk im Ballon. Es ist so winzig,

dass man zweimal hingucken muss!«
»Woher hat sie denn das?«, ruft Ronja aufgeregt dazwischen. »Na von Karalus«, lacht Anna, »das ist doch der Geschenkeladen gleich neben Janny's Eis.«
»Und was will eine Mücke mit einem Geschenk?«, wundert sich Yara. Mücke amüsiert sich und summt den vier Minimenschlingen noch ein Liedchen vor. Dann flattert sie viermal mit den Flügeln, dreht ab und ist mit dem Ballon wieder verschwunden. Yara schaut Mücke verträumt hinterher. »Wach' ich oder träum' ich?«, fragt sie ihre Freundinnen. Die drei anderen Mädchen sind auch noch ganz verzaubert und zucken nur lächelnd mit den Schultern.
»Wer weiß«, sagt Anna. »Es gibt viele Geheimnisse in Werder und jetzt kennen wir auch eins davon.«
»Ja«, sagt Enni. »Ein wunderschönes Mückengeheimnis.« An diesem Abend erzählt Mücke ihrem Moppel eine herzergreifende Geschichte von ihrer Rettung aus der Eiskugel durch die vier Minimenschlinge und überreicht ihm den Luftballon als Dankeschön für ihre außergewöhnliche Freundschaft.

# BEWEGLICHE KISTEN

»Ach, nicht schon wieder!«, stöhnt Mücke und beschaut sich eines ihrer Vorderbeinchen. Ausgerechnet heute muss ihr das passieren, als sie sich ein Holzstück in Caputh angucken möchte, welches die Menschlinge über das Wasser bringen kann. Hatte Moppel ihr nicht Hals und Beinbruch gewünscht? So wird er es doch nicht gemeint haben? Er wollte, dass sie vorsichtig fliegt, damit ihr nicht wieder etwas passiert. Und nun klebt sie hier am Schild fest und weiß vor Schreck nicht, wo sie sich befindet. »Was steht da auf dem Schild? Škoda Autohaus Biering.« Sie überlegt, was es mit dem Autohaus auf sich hat. Sie schaut sich um und entdeckt unterschiedlich große Kisten mit vier beweglichen runden Dingern dran, die von den Menschlingen Räder genannt werden. Mücke ist erstaunt. Jetzt setzt sich so eine Kiste auch noch in Bewegung. »Oh, es rollt! Das ist nicht schlecht, sehr interessant! Aber wo sind an diesem Ding die Flügel?«,

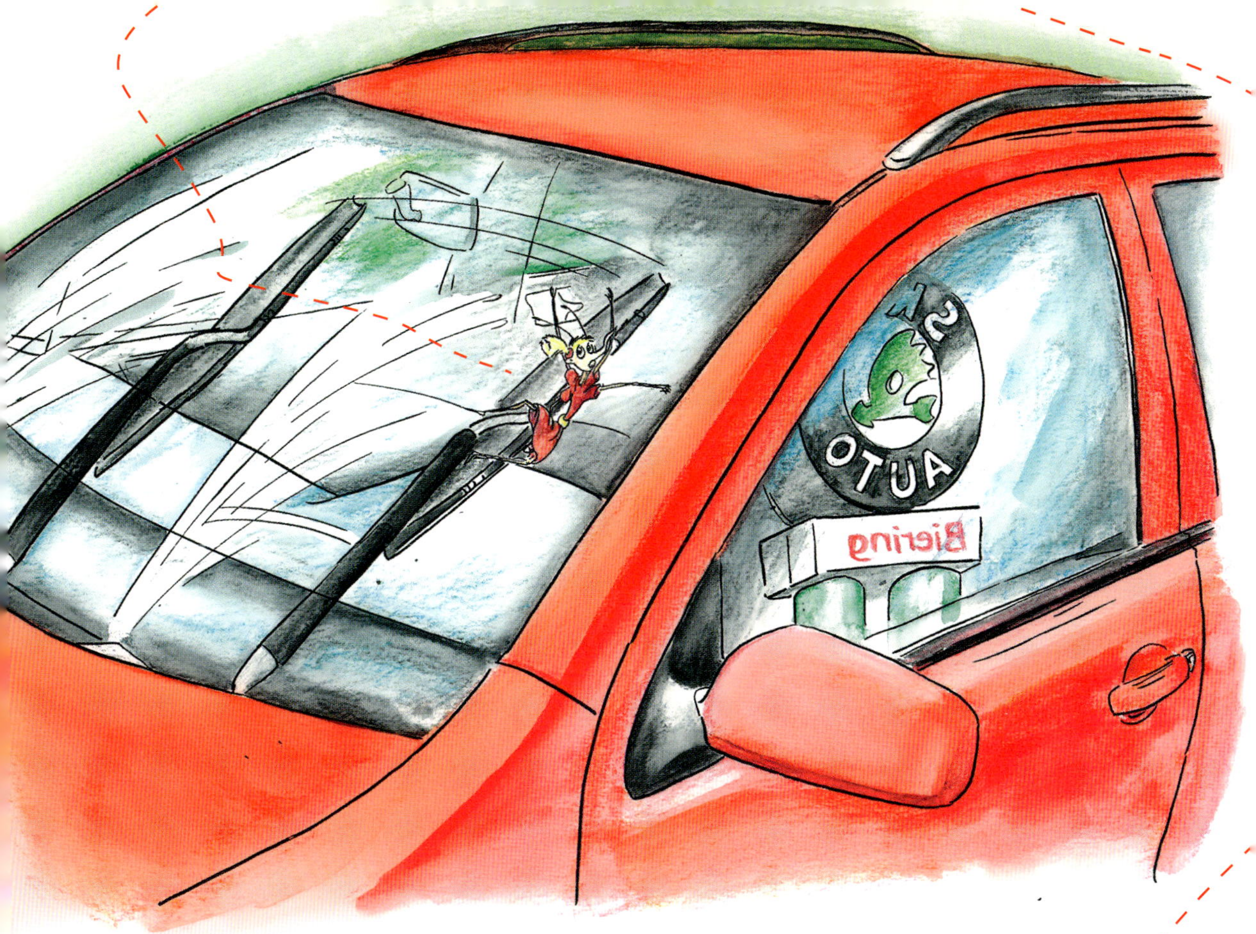

wundert sich Mücke. Sie umfliegt diese rätselhafte Kiste, aber Flügel kann sie nirgends entdecken. Schick sehen sie ja aus, die Autos, wie die Menschlinge sie nennen, die mit verschiedenen Formen und Farben hier auf dem Hof stehen. Mücke fliegt unter großen Schmerzen auf eines der Autos und beschaut es sich von nahem. Plötzlich wird sie nass.

»Komisch«, denkt sie, »es regnet doch gar nicht.« Sie kann nicht weiter überlegen, weil sie im nächsten Moment hin und her geschleudert wird. »Halt! Was soll das? Aufhören!«, schreit sie entsetzt. »Das ist doch kein Karussell!« Erschöpft stößt sie sich ab und erreicht mit letzter Kraft den Ast eines blühenden Baumes. Jetzt sieht sie, was es mit dem Wasser und der Schleuderei auf sich hat. Unterhalb der vorderen Autoscheibe wird durch ein Loch Wasser auf die Scheibe gespritzt. Ein Stab, der sich hin und her bewegt, reinigt die Scheibe. Jetzt weiß sie, dass genau dieser Stab sie vorhin erwischt hat. Die Menschlinge nennen das Ding Scheibenwischer. »Was die Menschlinge sich so alles einfallen lassen«, summt Mücke staunend. Da verspürt sie wieder diesen stechenden Schmerz im Vorderbeinchen. Ganz vorsichtig streicht sie mit ihrem Stachel die schmerzende Stelle. Schließlich besinnt sie sich auf ihren Plan und fliegt weiter nach Caputh. Sie fliegt vorbei an vielen blühenden Bäumen. Unterwegs trifft sie Krax, Krex, Krix, Krox und Krux, die fünf lustigen

Krähen aus Geltow, die auf dem Weg zum Caputher Fährfest sind. Erst kürzlich waren sie in Werder unterwegs und haben dort ihr Unwesen getrieben. Sie haben die Mülleimer an der Uferpromenade geleert und die Walnüsse auf die Einkaufsstraße geworfen. Endlich trifft sie ihren Freund Möwe Manni, der am Geltower Havelufer bereits auf sie wartet.

# DAS RÄTSELHAFTE HOLZSTÜCK

»Na endlich! Das hat ja gedauert«, begrüßt sie Möwe Manni. Mücke ist schon ganz neugierig auf das Holzstück, welches die Autos über das Wasser bringen kann. »Umständlich sind diese Menschlinge schon. Bauen sich Kisten mit Rädern dran, können damit aber weder fliegen, noch über das Wasser fahren. Da geht es uns Mücken doch richtig gut. Wir fliegen dorthin, wohin wir wollen«, summt Mücke. »Schau nur, dort ist sie!«, ruft Möwe Manni. Mücke staunt nicht schlecht. »Von wegen Holzstück«, surrt sie. Sie macht es sich auf einem Häuschen, welches sich darauf befindet, bequem und belauscht ein Gespräch der Menschlinge. Sie erfährt, dass dieses Holzstück eine Fähre mit dem Namen Tussi II ist. Vor Staunen bekommt sie kirschkerngroße Augen. Ist es wahr, was sie dort sieht? Tussi II transportiert acht Autos und viele Menschlinge von der Geltower Uferseite über die Havel nach Caputh. »Bravo«, brüllt Mücke und klatscht. Sie wird aber von niemanden gesehen oder bemerkt. »Diese Fähre ist der Knaller!«, stellt Mücke fest. Plötzlich verliert sie den Halt unter ihren Beinchen und landet unsanft auf dem Boden. »Manniiiii? Wo bist du?«, schreit sie panisch. Mücke hat nicht bemerkt, dass sich die Fähre in Bewegung gesetzt hat und ist von dem Fährhaus gerutscht, auf dem sie saß. Sie bleibt ganz still sitzen, bis die Fähre auf der anderen Uferseite in Caputh anlegt. Nachdem alle Autos und Menschlinge die Fähre verlassen haben, rappelt sie sich auf und macht sich auf den Weg zum Caputher Fährfest. Aber wo ist Manni? Mücke schaut sich suchend um.

»Toller Freund!« Sie kann ihn nirgends entdecken. Möwe Manni sitzt währenddessen schon beim Fährfest und wartet auf Mücke. »Wo du nur immer bleibst!«, hört sie ihn lachend rufen. Mücke wirft ihm einen bitterbösen Blick zu und schaut sich auf dem Fest um. Lange bleibt sie nicht allein, denn sie trifft den Mückenschwarm vom Caputher Ufer. Es gibt viel zu summen und zu berichten. Abends fliegt sie völlig erschöpft dem Sonnenuntergang entgegen zurück nach Werder, um Moppel von ihren Erlebnissen zu berichten.

# AUS ALT MACH NEU

»Oh je, summserummsumm! Was ist das heute für ein Wetter?« Es regnet wie aus Kannen und Mücke ist schon pitschepatschenass. Im sonst so kuscheligen Schilf an der Inselbrücke ist es sehr ungemütlich geworden. Die nassen Schilfhalme sind rutschig und biegen sich, ein heftiger Wind pfeift übers Wasser, bringt die Boote zum Schaukeln und setzt den Wellen Schaumhütchen auf. Doch damit nicht genug. Es ist auch noch mächtig kalt. Mücke zittert am ganzen Körper. Plötzlich durchzuckt ein Blitz den trüben Himmel und es fängt an zu donnern. Sie hält es kaum noch aus. Seit drei Tagen regnet es nun schon. »Kann es mal endlich aufhören?«, brüllt Mücke. Sie hat ganz schlechte Mückenlaune. Jetzt peitschen ihr auch noch die Schilfhalme um den Stachel. »Summserummsumm!«, jammert sie. Hat Möwe Manni ihr nicht letztens etwas vom Dach über dem Kopf erzählt? Da sie wie immer sehr in Eile war, hat sie nur halb hingehört. »Na toll«, denkt Mücke. Sie grübelt und grübelt, da fällt es ihr endlich wieder ein.

Manni sagte, dass es auf dem Inselmarktplatz ein altes Haus gibt, in dem man Unterschlupf finden kann. »Da muss ich hin!«, summt Mücke und fliegt ohne lange zu überlegen auch schon los. Obwohl es nicht weit ist, kommt sie schlecht voran. Immer wieder prallen Regentropfen, die wie Steinschläge wirken, auf Mücke nieder. Ständig wird sie durch die Tropfen in Richtung Boden gedrückt. »Oh ist das schwierig!«, stöhnt Mücke. Ihr Körper schmerzt an allen Stellen. Mit letzter Kraft erreicht sie schließlich den Marktplatz. »Wo ist denn nun das alte Haus?« Da hört sie ihren Namen. »Mücke, komm zu uns!« Sie schaut sich suchend um und entdeckt ein mit Folie verpacktes Etwas. Sie fliegt dorthin und klettert unter die Folie. Mücke staunt nicht schlecht, als sie Möwe Manni und die Krähen Krax und Krex dort antrifft. Diese sitzen im Trockenen und lassen es sich gut gehen. »Bist du bei diesem Wetter etwa auf Abenteuersuche?«, krächzt Krax und muss kichern. »Wie siehst du überhaupt aus?«, fragt Krex und schmunzelt. »Lasst sie doch in Ruhe!«, regt sich Möwe Manni auf. »Seht ihr nicht, dass sie total erschöpft ist?«

HGW
...in Werder zu Hause!

Die Krähen schauen auf Mücke und verstummen augenblicklich. »Was ist das für ein Gerüst und wo ist das alte Haus, von dem du mir erzählt hast?«, will Mücke wissen. Wieder krächzen die Krähen wild durcheinander. »Seid doch endlich still!«, faucht Manni die Krähen an. Die ziehen doch tatsächlich ihre Köpfe ein und halten ihre Schnäbel. Manni beginnt zu erzählen: »Hier unter der Folie befand sich bis vor Kurzem noch ein sehr altes Haus. Seit Langem beobachte ich, wie viele Menschlinge hier täglich am Arbeiten sind. Sie sägen, hämmern, bohren und streichen. Damit sie überall gut herankommen, stellen die Menschlinge Gerüste auf und klettern darauf herum. Die Folie dient dazu, dass sie nicht nass werden und auch bei Wind und Wetter arbeiten können. Früher haben wir unter dem Dachvorstand Unterschlupf gefunden, doch die Folie ist auch nicht übel.«
»Ich weiß auch was«, unterbricht Krex Mannis Redefluss. »Ich habe gehört, dass die Menschlinge nächste Woche mit den Bauarbeiten fertig sind. Das Haus erscheint dann im neuen Glanz und es wird ein großes Fest geben.« »Na, das ist ja mal spannend.

Das muss ich mir anschauen«, summt Mücke. »Wir auch!«, stimmen die Krähen ein. »Manni, weißt du, was das für Menschlinge sind, die so tolle Sachen machen?«, fragt Mücke neugierig. »So genau weiß ich das auch nicht. Aber hier ganz in der Nähe gibt es ein Haus mit der Aufschrift HGW. Ich glaube, da kannst du mehr erfahren«, klärt Manni Mücke auf. Mittlerweile hat es aufgehört zu regnen und ein wunderschöner Regenbogen schmückt den Himmel.

»Schaut mal, ist das schön!«, ruft Mücke entzückt, als sie aus einem Spalt der Folie zum Himmel schaut. Die Krähe Krex lästert. »Ach du kleines Wundermückchen!« Mücke wirft Krex einen bitterbösen Blick zu, bevor sie nach und nach ihren Unterschlupf verlassen.

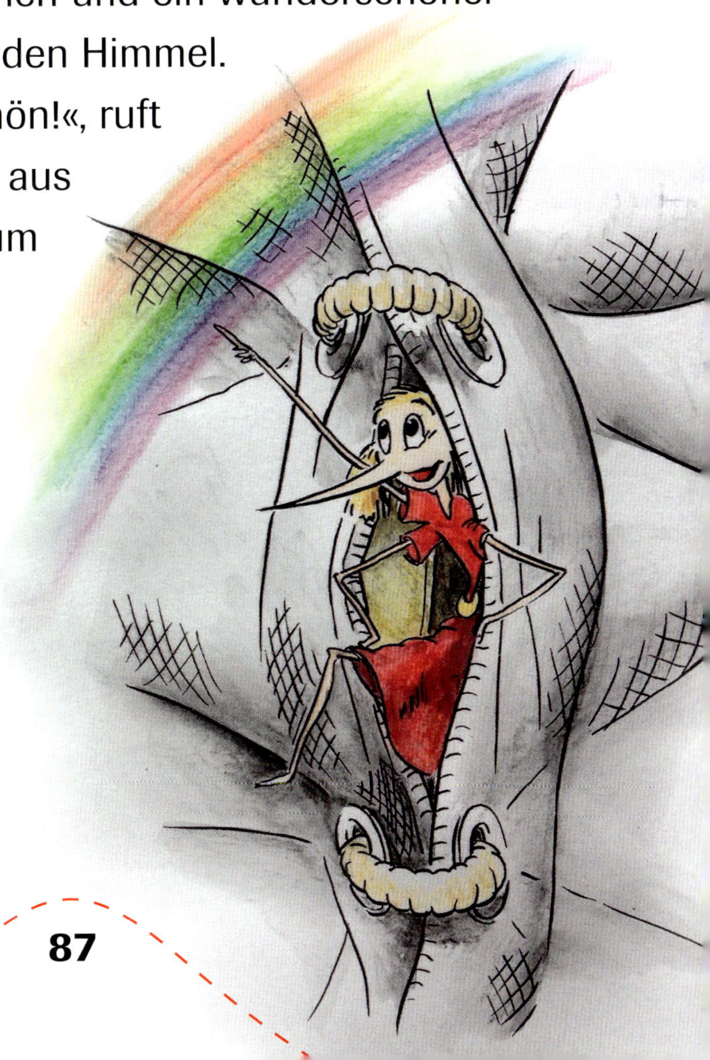

Mücke ist neugierig und macht sich auf die Suche nach dem HGW-Haus. Dort hofft sie, mehr zu erfahren. Sie fliegt mehrere Runden, entdeckt es dann schließlich und steuert darauf zu. Platsch!

»Summserummsumm!«, stöhnt sie und klebt an der Scheibe. Mit voller Wucht ist sie dagegen geprallt. Schmerzvoll verzieht sie ihr Gesicht. »Mein armer Stachel«, jammert sie. Sie schüttelt sich und huscht mit schmerzenden Gliedern durch ein geöffnetes Fenster ins Innere des Gebäudes. Noch etwas taumelig fliegt sie dorthin, woher die Menschlingsstimmen kommen. Sie erreicht einen schönen Raum mit einem großen langen Tisch, um den viele Menschlinge sitzen und sich angeregt unterhalten. Mücke sucht sich ein Plätzchen, von dem aus sie gut hören und sehen kann, und erfährt interessante Dinge. Nun weiß sie, dass die HGW eine Haus- und Grundstücksgesellschaft in Werder ist, die sich um viele Sachen kümmert, neue Gebäude entstehen lässt und die alten erneuert. So hat sie zum Beispiel die Rettungswache am Bahnhof in Werder gebaut und einen tollen Kindergarten im schönen Ortsteil Töplitz. Außerdem bekommen die Töplitzer Feuerwehrmänner demnächst noch eine neue Feuerwache. Nach zwei Stunden hat sie genug erfahren und macht sich mit vielen Informationen auf den Weg zu ihrem Freund Moppel.

# HOCH IN DER LUFT

Obwohl es Moppel sehr schwerfällt, hält er sein Versprechen und rührt keine Mücken mehr an. Die Frösche der Havel verspotten ihn immer noch, doch die Mücken freuen sich. Sie besuchen ihn immer wieder auf seinem Seerosenblatt und summen ihm gute Laune ins Ohr. Die anderen Frösche können Moppel trotzdem nicht verstehen. »Du mit deinem Mitleid«, lästern sie. »Wovon willst du dich ernähren?« Moppel antwortet ihnen nicht. Er bleibt dabei und lässt die Mücken in Ruhe. Moppel beneidet die Freiheit der Mücken und hat schon seit langer Zeit einen großen Traum. Nur einmal möchte er seine Heimat Werder von oben betrachten, nur ein einziges Mal, so wie seine kleine Freundin. Mücke kennt Moppels Herzenswunsch und schlägt ihm vor, ihn mit auf ihre nächste Reise zu nehmen. »Wie soll das gehen?«, will Moppel wissen. »Lass mich nur machen!«, summt Mücke geheimnisvoll und fliegt davon.

An diesem Abend kann Moppel nicht einschlafen. Laufend muss er daran denken, was Mücke ihm

vorgeschlagen hat. Aber kann Mücke seinen Traum wirklich erfüllen? Ganz früh am nächsten Morgen kitzelt Mücke ihren Moppel am Ohr. Sie teilt ihm mit, dass die Mücken ihn gleich beim ersten Sonnenstrahl von seinem Seerosenblatt abholen wollen. Nun ist an Schlafen wirklich nicht mehr zu denken. Moppel ist hellwach. Plötzlich nähert sich ein riesiger Mückenschwarm in Form einer schwarzen Wolke dem Seerosenblatt. Man kann sie schon von Weitem summen hören. Moppel ist so aufgeregt, dass er einen Schluckauf bekommt. Der Mückenschwarm kommt auf Moppel zugeflogen.

Vorsichtig ergreifen sie das Seerosenblatt, auf dem Moppel sitzt. Ganz langsam erhebt sich das Blatt und fängt an zu schweben. Moppel rollt sich noch auf seinen Bauch, damit er besser nach unten schauen kann. Der Abstand zum Wasser wird immer größer. Obwohl Moppel etwas komisch zumute ist, kann er sein Glück kaum fassen. Er befindet sich doch tatsächlich mitsamt dem Seerosenblatt in der Luft und schwebt mit den Mücken über die Havel. Alle anderen Frösche trauen ihren Augen kaum und quaken wild durcheinander.

Innerhalb kürzester Zeit hört man ein riesiges Froschkonzert. Moppel genießt diesen Augenblick. Nie hätte er es für möglich gehalten, dass er seine Heimat Werder einmal von oben betrachten kann. Er ist der erste fliegende Frosch und mächtig stolz darauf. Ganz vorsichtig schaut er nach unten. Er sieht die vielen erstaunten Frösche, den Ententreff, viele Menschlinge, die Inselbrücke, die Bockwindmühle und ganz viele Schätze aus Werder, die er aus den Erzählungen von Mücke kennt. Alles sieht von oben betrachtet sehr klein aus. Die Frösche, selbst die sonst so großen Menschlinge, sind nur noch winzige Pünktchen, die Insel ein weißrosa Blütenmeer und mittendrin bunte Farbkleckse. Moppel ist ganz gerührt. Mücke sieht, wie glücklich Moppel in diesem Moment ist und hat eine Idee. Warum schon nach Hause fliegen? Sie dreht um und verlässt ihre Flugbahn. Zusammen fliegen sie über die große Kreuzung, an der Feuerwehr vorbei, entlang der Eisenbahnstraße, vorbei am neuen Rathaus in Richtung Werder Bahnhof. Schließlich überfliegen sie die kleine Schranke und kommen aus dem Staunen nicht mehr heraus.

# TRAUMHAFT SCHÖN

»Quakoh, quakoh«, tönt es über Werder. Moppels Augen sind so groß wie zwei ausgereifte Äpfel. »Mücke, wo sind wir?«, quakt Moppel begeistert. Er reißt seine Augen weit auf, um die Gegend unter sich genau betrachten zu können. »Was ist das für ein Gebiet?«, fragt Moppel. Mücke ist etwas verwirrt. Lange ist es her, dass sie die Havelauenlandschaft von Werder angeflogen ist. »So sah es hier vor einiger Zeit noch nicht aus!«, summt sie überrascht. »Eine Wohnlandschaft direkt am Wasser? Eine Brücke, die zwei Wohngebiete verbindet?«, wundert sich Mücke und ist mit ihren Gedanken mal wieder nicht bei der Sache. Ruuummmms! »Summserummsumm. Meeeeeiiiiiiiiiiin Kopf«, hört man Mücke schmerzerfüllt stöhnen. Diesmal hat sie das große Schild mit der Aufschrift Riva Werder Havelterrassen total übersehen und ist mit ihrem Mückenkopf dagegen geknallt. Die anderen Mücken bekommen einen Schreck, müssen aber dennoch kichern. »Mücke hat es mal wieder geschafft! Wie lustig!«, schreit die dicke Mücke Bertha. Mücke findet das gar nicht witzig und schaut Bertha böse an. Eine dicke Beule wächst nun auf Mückes Kopf. Als sie sich von ihrem Schreck erholt hat, fliegt sie taumelnd zu Moppel auf das schwebende Seerosenblatt. »Ach Mückchen, was hast du denn wieder angestellt? Komm her, ich will mal pusten, dann tut es nicht mehr so weh!« Leider hat er zu spät daran gedacht, dass Mücke ein zartes Wesen ist. »Oh je, was habe ich getan?«, quakt er, als er sieht, dass Mücke durch seine Pusterei vom Seerosenblatt geschleudert wird.

Mücke kann sich gerade noch am Blatt festhalten, denn zum Fliegen ist sie durch ihre Kopfverletzung noch zu schwach. Mit letzter Kraft und Moppels Hilfe schaffen sie es dann Mücke hochzuziehen. Diesmal ist Moppel ganz vorsichtig. Er nimmt sie zärtlich in seinen Arm und pustet besonders sanft an Mückes Kopf. Gemeinsam schauen sie sich die Gegend genauer an. »Jetzt weiß ich, wo wir uns befinden«, ruft Mücke aufgeregt, »in den Havelauen an den Havelterrassen! Hier an der Promenade veranstalten die Auenländer regelmäßig tolle Feste.«

»Ruckzuck muss das gegangen sein«, staunt sie. »Hier ist ja alles neu. Die vielen Einfamilienhäuser, die Gebäude am Wasser mit kleinen Geschäften im Erdgeschoss, die neue Brücke, die nun die Havelauen miteinander verbindet und sogar ein kleines Einkaufsparadies. So ein hübsches Wohngebiet.« Auch Moppel geht das Herz auf vor lauter Glück. Er freut sich, dass er mit seiner Freundin Mücke seine Heimat von oben betrachten kann. »Ja, Moppel«, summt Mücke, »viele Tiere, die Menschlinge, du und ich leben hier gemeinsam friedlich zusammen. Wir alle, wir sind Werder!«

Wir ♥ Werder

6 Monate später ...

# EIN WINTERMÄRCHEN IM TANNENHOF

»Oh, was ist das?« Mücke kann sich gar nicht erinnern, so etwas Schönes schon einmal gesehen zu haben. Sie schaut aus dem Fenster und alles ist weiß. Seitdem sie hier in der Lagerhalle lebt, hat sich vieles verändert. Die männlichen Mücken haben sich zum Winter hin mal wieder verabschiedet und die weiblichen Mücken haben sich ein geschütztes Plätzchen für die kalte Jahreszeit gesucht. Mücke hat im Werderaner Tannenhof Unterschlupf gefunden, natürlich mit ihrem Moppel. »Ob das so eine gute Idee war«, bezweifelt sie mittlerweile, denn Moppel ist seitdem erstarrt. Er hält so etwas wie Winterschlaf. »Wie langweilig!«, grummelt Mücke. Sie möchte sich endlich wieder ins Abenteuer stürzen. Sie stülpt sich die Pudelmütze auf, die ihr die Ratte Rufus gestrickt hat, wirft sich den Schal um ihren dünnen Hals und los geht es. Sie überlegt, wie sie aus der Lagerhalle gelangen kann, denn alle Fenster und Türen sind

verschlossen. Sie fliegt mehrere Runden durch die große Halle, kann aber nirgendwo eine Öffnung entdecken. Plötzlich wird sie von einem kalten Luftstrahl zur Seite geschleudert. »Was war das?« Da entdeckt sie ein kleines Astloch, durch das die kalte Luft in die Halle strömt. »Das ist es!«, summt sie. Sie fliegt in Richtung Astloch, kämpft gegen den Luftstrom und quetscht sich schließlich durch das kleine Loch ins Freie. Sie staunt, denn draußen ist es zwar bitterkalt, aber wunderschön. Alles glitzert und ist weiß. Ihre Flügel lassen sich vor Kälte kaum bewegen. Mühsam steuert sie eine Tanne an, die mit Puderzucker überzogen ist. Sie bekommt einen kalten Po, denn der weiße Puderzucker ist nichts anderes als Pulverschnee. Geschafft! Endlich kann sie verschnaufen. »Doch oh je, summserummsumm!« Der Tannenbaum fängt gefährlich an zu schwanken. Hat Mücke anstatt vom leckeren Obstsaft vom Obstwein genascht, dass ihr auf einmal so schwindelig wird? Das kann nicht sein. Da hört sie lustige Menschlingsstimmen, fröhliche Weihnachtslieder und Minimenschlingslachen. Mücke hat ein wenig zu lange gegrübelt, denn im nächsten Moment peitscht ein Tannenzweig an ihrem Stachel vorbei. »Summserummsumm.« Ein Krächzen, ein Stöhnen und mit ungeahnter Wucht stürzt die Tanne mitsamt Mücke zu Boden. Während die Menschlinge jubeln und klatschen, sitzt Mücke mit schmerzendem Körper unter der großen Tanne in der Falle. Sie kann sich kaum besinnen, da wird ihr auch noch ein Netz übergestülpt. »Was soll denn das?«, ruft sie. »Moppel, hilf mir!« Doch Moppel bekommt von alledem nichts mit. Die Menschlinge sind glücklich, doch Mücke ist verzweifelt. Es wird erzählt, dass sich die Menschlinge alljährlich ihren Weihnachtsbaum im Tannenhof selbst schlagen dürfen. Dieser wird dann für den Transport fachmännisch in ein Netz gesteckt. Pünktlich zum Heiligen Abend erstrahlt genau dieser Baum im Wohnzimmer der Menschlinge. Plötzlich spürt Mücke etwas angenehm Warmes. Ein Minimenschling hat Mücke entdeckt und befreit sie aus dem Netz. »Fröhliche Weihnachten!«, hört sie einen kleinen Minimenschling, der sich Felix nennt, flüstern. »Fröhliche Weihnachten und Dankeschön«, summt Mücke leise zurück. Erschöpft, aber unverletzt fliegt sie in ihre Lagerhalle. Sie kuschelt sich an Moppel und säuselt ihm ihr Tannenhofabenteuer ins Ohr.

# WEIHNACHTSZAUBER IM WERDERPARK

Mücke zittert am ganzen Körper. »Ist das heute wieder eine Kälte«, jammert sie. Anstatt in ihrer gemütlichen Lagerhalle im Tannenhof mit Moppel zu kuscheln, hat sich Mücke in ein neues Abenteuer gestürzt. Bei ihrem letzten Tannenbaumunfall hat sie ein Gespräch der Minimenschlinge belauscht. Der Minimenschling Felix sagte, dass es im Werderpark einen riesengroßen Tannenbaum gibt, der vom Werderaner Tannenhof stammt. Der Baum soll ganz herrlich geschmückt sein. Den muss ich mir anschauen, denkt Mücke. Auf dem Weg dorthin sind Mückes Flügel fast eingefroren, so kalt ist es. Endlich hat sie es geschafft und ist fasziniert von diesem zauberhaften Tannenbaum. Der Weg hat sich gelohnt. Ein Gefunkel und Geglitzer in allen Farben. »Ist das ein wunderschöner Baum.« Die Menschlinge nennen ihn Weihnachtsbaum. »Aber was ist das hier nur für ein Gewusel?« Überall sieht Mücke Menschlinge.

Einige stehen am Tannenbaum und singen Weihnachtslieder. Minimenschlinge schauen mit offenen Mündern staunend zum Baum empor. Andere knabbern an leckerem Weihnachtsgebäck. Die Augen der Minimenschlinge leuchten wie funkelnde Sterne. Plötzlich ein Knall, ein spitzer Schrei und Mücke klebt an der Türscheibe fest. »Summserummsumm.« Langsam rutscht sie an der Scheibe hinunter.

»Nicht schon wieder!«, stöhnt Mücke. »Was war das?« Sie hat die große Glastürscheibe des Eingangsbereiches übersehen. »Autsch! Mein Stachel. Tut das weh«, jammert Mücke. Zu dumm, dass die Eingangstür wegen der Kälte geschlossen war und Mücke vor lauter Gefunkel die Scheibe nicht gesehen hat und dagegen geflogen ist. »Wie kommen die Menschlinge dort hinein?«, wundert sich Mücke. Sie rappelt sich auf, schüttelt unter Schmerzen ihre Glieder und unternimmt einen neuen Versuch. »Was ist das?« Sie sieht, wie sich die Tür wie von Zauberhand allein öffnet, wenn sich die Menschlinge ihr nähern. »Na toll«, denkt Mücke. »Warum hat das bei mir nicht geklappt? Naja, zu klein, zu dünn, egal!« Schnell folgt sie den Menschlingen, um auch ins Gebäude zu gelangen. »Hier ist ja was los«, summt sie. Der Werderpark feiert ein vorweihnachtliches Fest. Auf der Bühne tanzen gerade vier Minimenschlinge. »Sieht das putzig aus, wie sie ihre Beine hin und her schleudern«, schmunzelt Mücke. Aus der Anlage an der Seite dringt laute Musik. Überall ist ausgelassene

Weihnachtsstimmung. Mücke staunt, denn das ganze Einkaufszentrum ist weihnachtlich geschmückt. Sie fliegt auf Entdeckungstour und sieht viele Geschäfte, aus denen die Menschlinge mit großen Kartons und Tüten beladen herauskommen. Sie guckt hier und schaut dort. Mücke braucht viele Stunden, um alles zu erkunden. Spät abends ist sie so erschöpft, dass sie auf einer glitzernden Weihnachtskugel einschläft.

Als sie erwacht, ist es mucksmäuschenstill. Keine Musik zu hören, keine Menschlinge zu sehen und alles ist dunkel. »Oh je, was ist passiert?« Alle Geschäfte sind geschlossen. Totenstille! Mücke fliegt zum Ausgang. »Summserummsumm. Ach du lieber Stachel. Die Tür ist zu!« Mücke ist mal wieder eingesperrt und es gibt keinen Menschling, mit dem sie sich hinausschmuggeln könnte. Sie schaut durch die große Glasscheibe und sieht, dass es zu schneien beginnt. Weiße, glitzernde Schneekristalle fallen vom Himmel. Ein Weihnachtsfest, wie es die Menschlinge mögen. Mücke versinkt in Träumereien und merkt gar nicht, dass im Werderpark bereits wieder viel los ist. Sie gelangt nun endlich mit einer Menschlingsgruppe aus dem Einkaufszentrum und fliegt mit vielen neuen Eindrücken zu ihrem Moppel in die Lagerhalle zurück. Durchgefroren und völlig erschöpft kuschelt sie sich an Moppel und säuselt ihm ihre Abenteuer ins Ohr. Sie hofft, dass ihre Erzählungen in seine Winterschlafträume übergehen und es bald wieder Frühling wird.

# UNSERE SCHÄTZE

## Sehenswertes

Auf der Insel Werder:
Bockwindmühle
Obstbaumuseum
Heilig Geist Kirche
Kirche St. Maria Meeresstern
Galerie Kunst-Geschoss im Schützenhaus
Das Alte Rathaus
Das Lendelhaus

## Spiel- und Bolzplätze

**An der Föhse**, Bernhard-Kellermann-Straße, 14542 Werder (Havel)
**Am Sportplatz**, Uferstraße 10, 14542 Werder (Havel)
**Am Schiffsanleger Weiße Flotte**
Fischerstraße, 14542 Werder (Havel)
**Arno-Franz-Sportplatz,** Werderwiesen 16, 14542 Werder (Havel)

## Badestellen & Strandbäder

**Stadtbad Werder** am Großen Plessower See in Werder (Havel)
**Strandbad Glindow** am Glindower See in Glindow
**Strandbad Caputh** am Caputher Gemünde
**Naturbadestelle Kemnitz / Werder**
**Strandbad Ferch** am Schwielowsee

## Aktivitäten & Ausflüge

17 **Spargel- und Erlebnishof Klaistow**
Glindower Straße 28 I 14547 Beelitz
GT Klaistow I Tel.: 033206 61070
www.buschmann-winkelmann.de

26 **Sanddorn-Erlebnisgarten Christine Berger**
Fercher Straße 60 I 14542 Werder/
OT Petzow I Tel.: 03327 46910
www.sandokan.de

12 **Stadtbibliothek Werder**
Brandenburger Str. 1a, 14542 Werder

19 **Werderaner Tannenhof**
Lehniner Chaussee 11 I 14542 Werder
Tel.: 03327 43265
www. werderaner-tannenhof.de

18 **Schultz'ens Siedlerhof**
Karl-Liebknecht-Str.17 I 14542 Werder
OT Elisabethhöhe I Tel.: 03327 40800
www.bauerschultz.de

28 **Fähre Caputh GbR**
Weinbergstr. 2 I 14548 Schwielowsee
Tel.: 033209 71848
www.faehre-caputh.de

32 **Gestüt Bonhomme**
Fuchsberg 1A I 14542 Werder
Tel.: 03327 570591
www.gestuet-bonhomme.de

## Shopping

24 **Einkaufszentrum-Werderpark**
Auf dem Strengfeld 6 I 14542 Werder
Tel.: 03327 730678
www.werderpark.de

6 **Schule-Büro-Freizeit Karalus**
Unter den Linden 1 I 14542 Werder
Tel.: 03327 45929
www.karalus-online.de

10 **EDEKA Unser Markt – Katrin Schneider**
Brandenburger Str. 151 I 14542 Werder
Mo – Sa: 07:00 Uhr – 21:00 Uhr
Tel.: 03327 567580

2 **VS · Verrückte Schuhe**
Am Markt 12 I 14542 Werder
Tel.: 03327 7258134
www.verrueckte-schuhe.de

21 **Möbelhaus C.H.R.I.S.T. GmbH**
Berliner Straße 105 I 14542 Werder
Tel.: 03327 4910
www.moebel-christ.de

22 **Goldschmiede Martin Rammelt**
Berliner Str. 89 I 14542 Werder
Tel.: 03327 42483
www.goldschmiede-werder.de

27 **Autohaus Biering GmbH**
Hauffstr. 76-77 I 14548 Schwielowsee
Tel.: 03327 56169
www.skoda-biering.de

## Essen & Trinken

1 **Fischgaststätte Arielle**
Fischerstraße 33 I 14542 Werder
Tel.: 03327 45641
www.fischrestaurant-arielle.de

5 **Janny's Eis**
Unter den Linden 1 I 14542 Werder
Tel.: 03327 74184

4 **Café Landbäckerei Kirstein**
Berliner Straße 126 I 14542 Werder
Tel.: 03327 43278
Torstraße 9 I 14542 Werder
Tel.: 03327 570505
www.baeckerei-kirstein.de

9 **Limani Griechisches Restaurant**
Unter den Linden 13 I 14542 Werder
Tel.: 03327 7411224
www.limani-werder.de

11 **Colonial Café**
Brandenburger Str. 1 I 14542 Werder
Tel.: 03327 71007
www.colonial-cafe.de

## Informationen

**Tourismusbüro Werder**
Eisenbahnstraße 13-14 I 14542 Werder

**www.werder-havel.de**
**www.wirsindwerder.de**

## Unterkünfte

25 **Blütencamping Riegelspitze**
Fercher Straße 4-9 I 14542 Werder
Tel.: 03327 42397
www.campingplatz-riegelspitze.de

15 **Haus am Havelbogen**
Am Havelbogen 7 I 14542 Werder
www.haus-am-havelbogen.de

## Bau und Handwerk

3 **HGW Haus- und Grundstücksgesellschaft Werder mbH**
Am Markt 12A I 14542 Werder
Tel.: 03327 740812
www.hgwwerder.de

20 **Riva Werder Havelterrassen**
Immobilienvermittlung Uwe Daßler
Schwalbenbergweg 80 I 14542 Werder
Tel.: 0177 5566778
u.dassler@havelterrassen.de

16 **Bauelemente Wötzel**
A.-Damaschke-Str. 14 I 14542 Werder
Tel.: 03327 42919
www.bauelemente-woetzel.de

30 **Ihr Gärtner von Eden für Berlin**
Otto-Lilienthal-Str. 35 I 14542 Werder
Tel.: 03327 58100
www.potsdamer-gaerten.de

## Notruf

13 **Förderverein der Freiwilligen Feuerwehr Stadt Werder (H.) e.V.**
Kemnitzer Str. 119 I Werder
Tel.: 112

## Dienstleistungen

8 **ZinsPartner**
**Matthias Pischke & Uwe Daßler**
Unter den Linden 5 I 14542 Werder
Tel.: 03327 7418340
www.zinspartner.de

14 **HavelPrint & Service**
Eisenbahnstr. 32 I 14542 Werder
Tel.: 03327 79510
www.havelprint.de

23 **Mobilcom-Debitel Shop**
im Werderpark
Auf dem Strengfeld 6 I 14542 Werder

33 **Auenländer GmbH I Concept Event**
Mielestraße 2 I 14542 Werder
Tel.: 03327 489235
www.auenlaender.de

7 **Pulver & Blei**
Unter den Linden 2 I 14542 Werder
Tel.: 03327 4621749
www.pulverundblei.com

## Nahrungsmittel

31 **Herbstreith & Fox GmbH**
Phöbener Chaussee 12 I 14542 Werder
Tel.: 03327 7850
www.herbstreith-fox.de

29 **Werder Feinkost GmbH**
Phöbener Straße 1 I 14542 Werder
Tel.: 03327 66140
www.werder-feinkost.de

Danke
Ich danke allen, die mich unterstützt und die Produktion des Buches ermöglicht haben.
Besonders herzlich danke ich meinem Illustrator Tino Würfel, der meine zahlreichen Bildideen in ICE-Geschwindigkeit perfekt umgesetzt hat.
Für die Unterstützung, das Verständnis und die Geduld bedanke ich mich bei meiner Familie.
Mein ganz besonderer Dank gilt meiner Tochter Katja, die mit mir viele Monate nächtelang an der Umsetzung gearbeitet hat.
Nicht zu vergessen Erika, die immer sofort zur Stelle war, wenn sie gebraucht wurde.

# LEGENDE UNSERER SCHÄTZE

1 Fischgaststätte Arielle
2 VS · Verrückte Schuhe
3 HGW Haus- und Grundstücksgesellschaft Werder mbH
4 Café Landbäckerei Kirstein
5 Janny's Eis
6 Schule-Büro-Freizeit Karalus
7 Pulver & Blei
8 ZinsPartner Matthias Pischke & Uwe Daßler
9 Limani Griechisches Restaurant
10 EDEKA Unser Markt – Katrin Schneider
11 Colonial Café
12 Stadtbibliothek Werder
13 Freiwillige Feuerwehr Werder
14 HavelPrint & Service
15 Haus am Havelbogen
16 Bauelemente Wötzel
17 Spargel- und Erlebnishof Klaistow
18 Schultz'ens Siedlerhof
19 Werderaner Tannenhof
20 Immobilien Uwe Daßler
21 Möbelhaus C.H.R.I.S.T. GmbH
22 Goldschmiede Martin Rammelt
23 Mobilcom-Debitel Shop
24 Einkaufszentrum-Werderpark
25 Blütencamping Riegelspitze
26 Sanddorn-Erlebnisgarten Christine Berger
27 Autohaus Biering GmbH
28 Fähre Caputh
29 Werder Feinkost GmbH
30 Ihr Gärtner von Eden für Berlin
31 Herbstreith & Fox GmbH
32 Gestüt Bonhomme
33 Auenländer GmbH

Spiel- und Bolzplätze

Badestellen